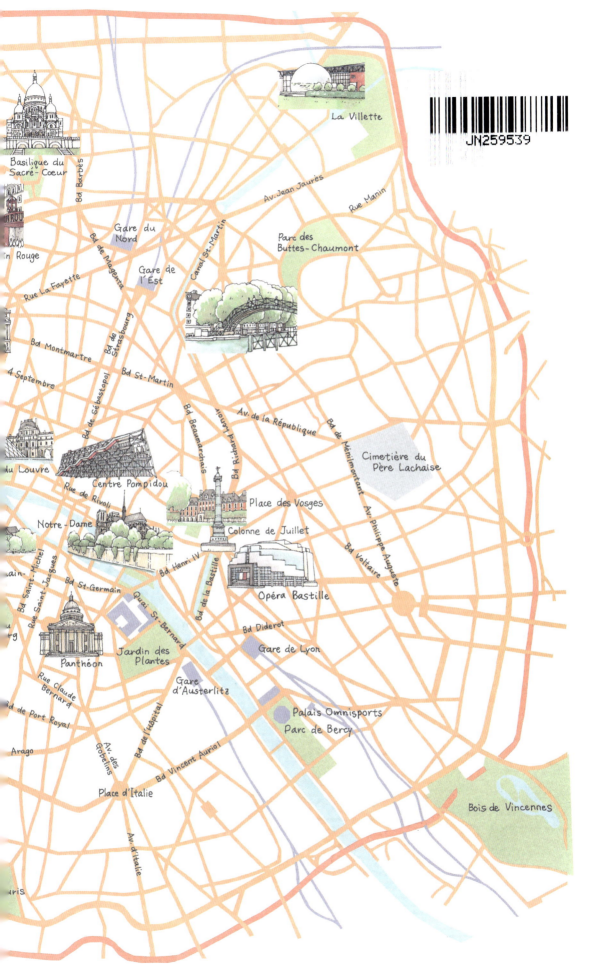

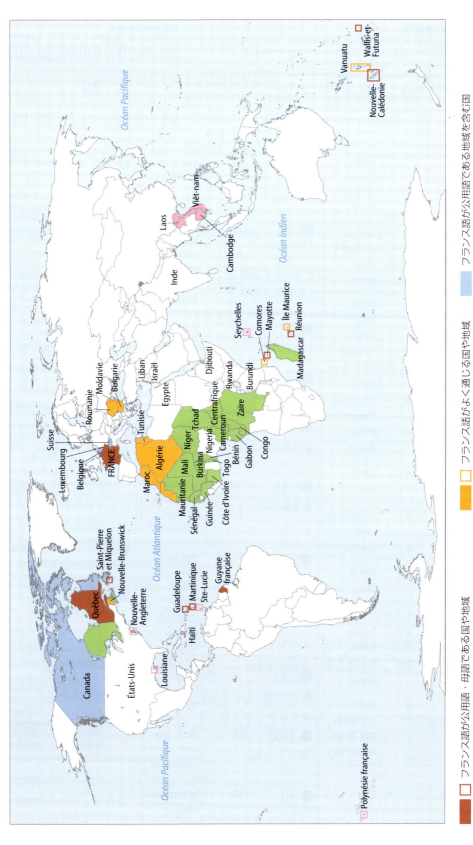

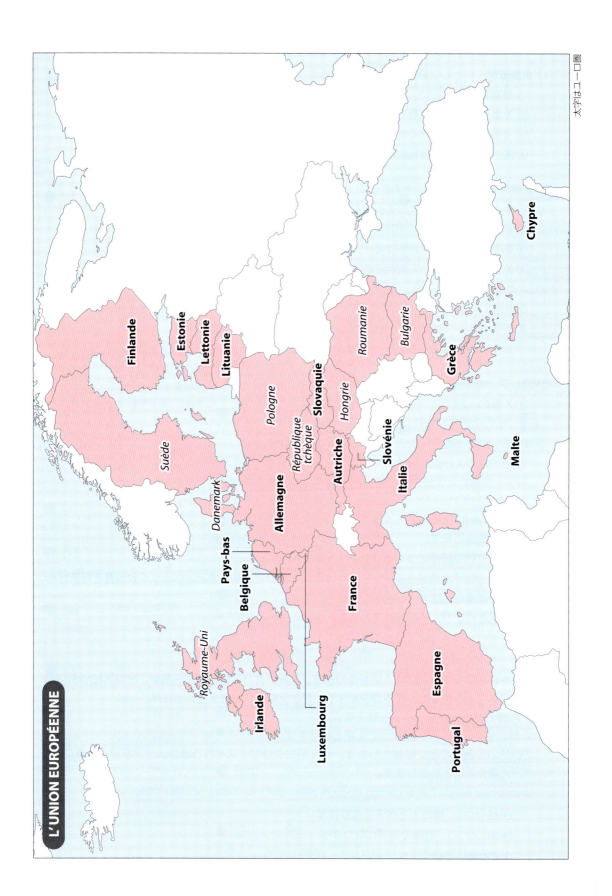

LA COOP 1

協同学習で学ぶフランス語

Yoshinori IWATA

Michiko NOMO

Bernard TORRES

Ayako HATA

SANSHUSHA

音声ダウンロード＆ストリーミングサービス（無料）のご案内

http://www.sanshusha.co.jp/onsei/isbn/9784384220520/

本書の音声データは、上記アドレスよりダウンロードおよびストリーミング再生ができます。ぜひご利用ください。

はじめに

フランス語の世界へようこそ。

この教材はフランス語入門書として、フランス語の基礎を「身につける」ことを目標としています。

「身につける」とは言葉のしくみや文化的背景について理解するばかりでなく、インタラクション（相互作用）ができるようになることです。フランス人と初歩的なことなら意志疎通ができるようになることはもちろんですが、街を歩いていたり、インターネットやマスメディアや書籍を通じて「フランス情報」に出会った時に、「あっ、これフランス（語）だ」と、身体で反応できるようになることです。

授業はみなさんの主体的な活動が中心になります。「話す、聞く、話し合う、報告する、説明する、相談する、発表する」などのコミュニケーションを通じて、フランス語のみならず、日本語によるコミュニケーション能力や社会的技能を身につけます。小学校に始まる学校教育の最終段階が大学ですが、コミュニケーション能力を鍛えて社会に出る準備をしましょう。

••• コミュニケーション活動 •••

具体的には、主に次のような活動を行いますので、ぜひ楽しんでください。

この教科書では、1年間を通じてフランス語のだいたいの姿をつかむことを目標としているので、彫刻でいえば、荒削りの段階です。細部にこだわるよりも、思い切ってコミュニケーションすることを大切にしてください。

À deux：2人組のエクササイズです。ペアを換え、なるべく多くの人とコミュニケーションしましょう。聴き手は話し手に共感をもって耳を傾けます。相手の言葉を繰り返したり、合いの手を入れましょう。

Exercice oral à deux avec le plus de partenaires différents possible. Communiquons avec nos voisins de droite, de gauche, de devant et de derrière. Quand A parle à B, B tend l'oreille (écoute attentivement) et réagit en répétant le discours de A ou en intervenant grâce à des expressions telles que; Ah, oui ! Ah, bon !

　　Ah oui ! Ah bon !

À quatre：4人組のエクササイズです。左前の人が①で、時計回りに②③④と順番に回します。

Exercice oral de questions réponses à quatre. La personne se trouvant en bas et à droite du carré formé pose la première question dans le sens des aiguilles d'une montre et ainsi de suite. A → B, B → C, C → D, D → A. Certains exercices pourront également se réaliser sous la forme, A → B → C → D.

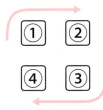

Ensemble : 立ち上がって移動します。なるべく知らない人と出会ってエクササイズをします。
Levez-vous et déplacez-vous. Exercez-vous autant que possible avec une personne que vous ne connaissez pas.

En chaîne : 立ち上がります。二人が対面するように整列して会話を始めましょう。先生の合図で、時計回りに一つずれましょう（結果的には二人ずれます）。東側（または南側、あるいは先生の指示した方角）の人が先に質問を始めます。
En chaîne. Se mettre debout et former deux lignes. Face à face commencer à parler, côté est (sud) en premier. Au signal du professeur on se décale d'un cran.

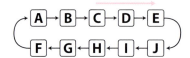

En japonais : 日本語でまず会話してみましょう。最終的にはフランス語で会話できるといいですね。
Commençons à parler en japonais et essayons petit à petit de parler en français.

「メチャクチャ読み」: 2人組で一区切りずつ、間違いを気にせずに文字を発音します。羞恥心を捨てて、しっかり間違うことが上達の秘訣です。
À deux et à tour de rôle; lisons sans nous préoccuper des erreurs de prononciation. Oublions notre timidité.

「好きなだけ読み」: 2人組あるいは4人組で、1人が好きなだけ読みます。文の途中でとめてもかまいません。他の人がなるべく予想しないところでとめます。次の人は、そこからまた好きなだけ読んで、唐突にとめます。
Lire à deux à tour de rôle. La première personne lit le temps qu'elle veut et s'arrête où elle veut. Là deuxième personne prend le relais et ainsi de suite.

座り方

4人グループでの座りかた

円陣を組んでランダムに4人組を作ります。円陣の並び方は、誕生日順や、出身高校や名前のアルファベット順など、先生が決めます。たとえば4人組を7組作るには、
① 円陣で時計回りに1〜7を数えます。
② 同じ番号の人が4人集まって1組となります。
だいたい5週間ごとに組替えします。4人組エクササイズを行うほか、ペア学習のときには、ペアを換えることもあります。

Le professeur désigne l'un de ces trois modes de paire : côté (côte à côte), face (face à face), diagonal.

　　côté (コテ)：隣の人とペアになります
　　face (ファス)：前後でペアになります
　　diagonal (ディアゴナル)：ハス向かいで組みます

各課の構成：学習の進め方

各課は次のような構成になっています。

● 学習目標

その課の目標を絶えず確認し、最終的にはすべて達成できるようにしましょう。チェック欄があります。目標を達成できたらチェックします。

Le projet d'apprentissage permet de savoir ce qu'on doit être capable de faire en fin de leçon. Faisons tout notre possible pour y arriver.

● Dialogue

対話文です。クラスメートとテンポよく会話練習をしましょう。言い換えたりして、アドリブがきくようになるといいですね。意味を知りたいときには巻末のインデックスを利用してください。CD を聞いて発音練習をしましょう。

Entraînons-nous au rythme de la conversation. Habituons-nous aux changements de prononciation et à bien comprendre un discours. Utilisons le lexique en fin de manuel pour chercher le vocabulaire qu'on ne comprend pas.

● 説明とエクササイズ

説明は、できるだけシンプルになっています。よく理解して友達に説明できるようにします。エクササイズは参加型です。グループで取り組みます。

Dans la mesure du possible les explications ont voulu être simples.

● Interculturel

実際のコミュニケーションに有用な異文化知識を解説しています。言葉の背景にある文化を理解してください。日本と比較する視点を持ちましょう。

Cette rubrique nous donne des informations utiles à la connaissance et à la compréhension de la culture française.

綴じ込みページにも説明を掲載しています。その都度、見るようにしましょう。

LECTURE DU DIALOGUE　Option ▶ 英語で通訳してみよう。

1) **音読練習：いっしょ読み**／本文を音読できるようにします。4人組で行います。次の手順で行います。
   ① 各自黙読しなさい。
   ② X番目の人から順番に1人1文ずつ音読しなさい。
   ③ 全員で一緒に音読できるように練習しなさい。録音も参考にしなさい（X分）。
   ④ X分たったら、指名されたグループが前に出て発表します。

2) **出張先生**／本文を説明できるようにします。次の手順に従いなさい。
   ① 4人で誰がどこを分担するかを決める。
   ② 各自、担当部分を説明できるようにする（なぜそのように訳せるのか）（以上5分）*。
   ③ 順番に担当部分を説明する（5分）。
   ④ X番の人が出張して説明できるように説明練習（リハーサル）をさせる（残りの人がトレーニングする）（5分）。
   ⑤ 出張して説明する。説明が異なっていたら議論する（5分）。
   ⑥ 元のグループに戻って、他のグループとの相違を議論する。
      *自分で考えても分からなかったら尋ねましょう。早く終わった人は支援に回ります。

3) **回し訳**／音読と日本語訳の練習をします。
   ① X番の人が1文（一区切り）音読します。
   ② 次の人はそれを訳します。
   ③ 訳し終わったら、次の1文（1区切り）を音読します。
   ④ その次の人が訳します。
   以下、同様に4人組で回していきます。

4) **通訳練習 Interprétariat**／本文の通訳練習をします。
   ① 配役を決めます。
   ② それぞれの配役につく通訳を決めます。
   ③ 登場人物が台詞を音読したらすぐに通訳していきます。通訳はなるべく教科書を見ません。
   ④ 発表準備をします（X分）。
   ⑤ 指名されたグループが発表します。

● 作文

通常の作文と自由作文があります。学習目標の確認に利用しましょう。巻末のインデックスも参考にしてください。

Deux sortes de thèmes ; ordinaires et libres. Servez-vous en comme contrôle de vos connaissances. Utilisez le lexique en fin de manuel.

ウェブページ

この教科書用のウェブページを用意しました。確認問題や発展問題、文化情報などにアクセスできますので、利用してください。

http://www.std.mii.kurume-u.ac.jp/~iwata/Oreille.htm

ラ・コープ

« Un pour tous. Tous pour un. »
（1人はみなのために。みなは1人のために。）

書名の「ラ・コープ」(La coop) とは La coopération（協同）の略称です。この教科書は、協同しながらフランス語（異文化）を学ぶように設計されていますが、協同しながら学ぶことによって、同時に協同を学ぶことを目標としています。助け合い、励まし合いながら学ぶことは愉快だし、フランス語力と同時に協同する力を養います。

みなさんがフランス語学習を通じてコミュニケーション能力や異文化能力を備えた、協同できる職業人、社会人、地球市民に育ってくれることを祈ってやみません。

2015年春

著者一同

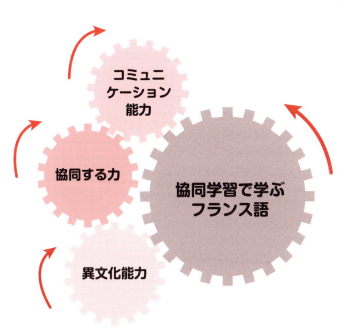

目次

Leçon	学習目標	
0	❶ 挨拶ができるようになる Les salutations	1
	❷ フランス、ヨーロッパ、フランス語圏について話せる 　　La France, l'Europe et la francophonie	
	❸ 日本語に入っているフランス語に反応できるようになる 　　Les mots d'origine française dans la langue japonaise	
	❹ フランス語で一曲歌える Chantons en français	
	❺ 主な登場人物を知る Faisons connaissance avec les personnages	
	❻ 教室のフランス語に親しむ Le vocabulaire utile en classe de français	
	❼ abc の歌を歌える Chanter l'abc	
1	**Je m'appelle Taïga.**	5
	❶ 国籍が言えるようになる Les nationalités	
	❷ 職業が言えるようになる Les professions	
	❸ 数を数えられる (1 〜 10) Compter de 1 à 10	
	❹ カフェで注文ができるようになる Commander dans un café	
	❺ フランス人名を持つ Avoir un prénom français	
2	**J'habite à Paris.**	11
	❶ 自己紹介ができる Savoir se présenter	
	❷ 20 まで数えられる Compter jusqu'à 20	
	❸ リエゾン、単数、複数を正しく使える 　　Singulier pluriel des noms. La liaison	
	❹ ヨーロッパ連合の根っこについて紹介できる 　　La communauté européenne	
3	**Qu'est-ce que tu fais dans la vie ?**	15
	❶ インタビューに習熟する Interroger quelqu'un	
	❷ 友だちを紹介できる Présenter un ami	
	❸ 数える (21 〜 60) Compter de 21 à 60	
	❹ 生年月日が言える La date de naissance	
	❺ ユーロに親しむ L'euro	
	❻ 活用、疑問形、エリジオンについて説明できる 　　Conjugaisons, interrogation et élision	
4	**On va au Palais de Chaillot ?**	22
	❶ tu を使ったインタビューができる Le sujet tu	
	❷ 否定形を使える La forme négative	
	❸ 願望を伝えられる Exprimer un souhait	
	❹ 予定を述べることができる Parler de projets	
	❺ 数える (61 〜 100) Compter de 61 à 100	
	❻ パリについて学ぶ Présentation de Paris	

Leçon	学習目標	
5	**Vous allez bien ?**	28
	❶ vous を使ったインタビューができる Interviewer avec le sujet vous	
	❷ 感動を表現できる Expressions exclamatives	
	❸ 国名や冠詞について説明できる Les noms de pays et les articles	
	❹ 強勢形人称代名詞を使える Les pronoms toniques	
	❺ 「国境なき医師団」を紹介できる Médecins Sans Frontières	
6	**Vous aimez l'Afrique ?**	34
	❶ 好みを言うことができる L'expression des goûts	
	❷ 誘うことができる Proposer de faire quelque chose	
	❸ 相手の友人をインタビューできる Interroger un ami	
	❹ 関係代名詞 qui を使える Le pronom relatif qui	
	❺ フランス人の関心について説明できる Les centres d'intérêt des Français	
7	**Allô !**	40
	❶ 電話がかけられる Au téléphone	
	❷ アポイントをとれる Donner et prendre rendez-vous	
	❸ 縮約形を使える Les contractions des articles définis	
	❹ 指示形容詞を使える L'adjectif démonstratif	
	❺ 感情を表現できる Exprimer un sentiment	
	❻ ルームシェアリング La co-location	
8	**Voici ma semaine.**	45
	❶ 電子メールを送れる Les messages électroniques	
	❷ 別れの表現を使える Les expressions d'adieu	
	❸ 一日の出来事を言える L'emploi du temps d'une journée	
	❹ 時刻、曜日、月、気候を言える Les horaires , les jours et les mois. Le climat	
	❺ フランス地方味めぐり Les spécialités	
9	**À la Gare de l'Est.**	52
	❶ 動詞の活用ができる Savoir conjuguer	
	❷ il faut を使える Il faut + infinitif	
	❸ 代名動詞を使える Les verbes pronominaux	
	❹ 未来形の活用を説明できる Les verbes au futur	
	❺ 移民と異文化間教育について説明できる Immigration et éducation	
10	**Elle est comment ?**	58
	❶ 人と物を描写できる Décrire des personnes et des choses	
	❷ 所有格、形容詞、比較級を使える Les adjectifs possessifs et le comparatif	
	❸ ヨーロッパ議会を紹介できる Le Parlement européen	

Leçon	学習目標	
11	**Voici la photo de ma famille.**	65
	❶ 家族の写真（イラスト）を紹介できる　Présenter sa famille	
	❷ 所有格の使い方をマスターする　Les adjectifs possessifs	
	❸ 位置を説明できる　S'orienter dans l'espace	
	❹ PACS 法について説明できる　Le PACS	
12	**Bon appétit !**	70
	❶ レストランで注文できる　Commander dans un restaurant	
	❷ フランス料理について説明できる　La cuisine française	
	❸ 注文の表現の使い方　Des expresssions pour commander	
	❹ 目的語の使い方　Les pronoms complements COD et COI	
13	**Ça a été ?**	76
	❶ 過去について話す　Le discours au passé	
	❷ 複合過去を使える　Le passé composé	
	❸ 半過去形を説明できる　L'imparfait	
	❹ 体の状態が言える　Avoir mal à + (Les parties du corps humain)	
	❺ フランスの祝祭日について説明できる　Evènements et fêtes en France	
Appendice	**Une autre vie** 生まれ変わったら	81
	疑問詞のまとめ	
	インデックス	
	不規則動詞活用表	

● CONTRAT（契約）

各課ごとの学習目標を身につけると同時に、巻末の「生まれ変わったら」というページに書き込んでいくと、たとえば下の例のような自己紹介ができるようになります。
このレベルを達成目標として先生と契約を結びましょう。
自分でサインしたら、先生にもサインをもらいましょう。

学習者

私は本書の学習終了後、下の例のような自己紹介が書けたり、言えたりするよう努力することを誓います。
署名
_____

教員

私は学習者が本書終了後、下の例のような自己紹介が書けたり、言えたりするよう支援することを誓います。
署名
_____

● 自己紹介文（モデル）

先生の後について発音してみよう。

Bonjour ! Je m'appelle Taïga. Je suis étudiant en médecine. J'habite et je travaille à Paris. Mais je viens de Strasbourg. Mon nom de famille, c'est Sasaki Hufty. Oui, je suis franco-japonais. Je suis né en 1995. J'ai 20 ans. J'ai une sœur qui s'appelle Rita. Elle est célibataire, mais elle a un petit ami. Elle est institutrice à Strasbourg.

Maintenant je vais vous présenter un peu ma vie. D'habitude, je me lève à 7 heures et puis je prends mon petit déjeuner à 7 heures et demie. J'ai cours de 9 heures à midi. A midi, je mange au restaurant de l'université avec des amis. L'après-midi, quand je n'ai pas de cours, j'étudie à la bibliothèque. Le mercredi, je fais du lacrosse. Le soir, je contrôle souvent mes mails.

J'aime le Japon et j'aime aussi la France. Qu'est-ce que je préfère : le Japon ou la France ? Je ne sais pas. Je vais souvent au Japon. J'aime beaucoup le Kyushu. Mais pendant ces vacances, je vais visiter Paris avec Pierre. Je voudrais voir la Tour Eiffel. Et un jour, j'aimerais aller au restaurant "Taillevent". Là-bas, je prendrais des escargots comme entrée et une sole meunière comme plat principal.

L'année dernière je suis allé au Japon pour le nouvel an. J'ai vu mes grands-parents qui habitent dans le Kyushu. Ils ont les yeux noirs et les cheveux noirs. Ils ne sont pas très grands mais ils sont gais et très gentils avec moi. On a visité Dazaifu et j'ai acheté des Umégaé-mochi. Après la visite, on a chanté au karaoké ensemble. C'était super !

LEÇON 0

Je m'appelle Taïga.

学習目標
- ☐ ❶ 挨拶ができるようになる — Les salutations
- ☐ ❷ フランス、ヨーロッパ、フランス語圏について話せる — La France, l'Europe et la francophonie
- ☐ ❸ 日本語に入っているフランス語に反応できるようになる — Les mots d'origine française dans la langue japonaise
- ☐ ❹ フランス語で一曲歌える — Chantons en français
- ☐ ❺ 主な登場人物を知る — Faisons connaissance avec les personnages
- ☐ ❻ 教室のフランス語に親しむ — Le vocabulaire utile en classe de français
- ☐ ❼ abc の歌を歌える — Chanter l'abc

1 全員立ち上がります。まわりのクラスメートに日本語で挨拶しよう。

Levez-vous et présentez-vous en japonais à vos voisins de droite et de gauche.

A：こんにちは！

B：こんにちは！

A：私の名前は…です。あなたは？

B：私の名前は…です。

A：はじめまして（握手）。

B：はじめまして。

2 先生の発音にしたがって、上の挨拶をフランス語で言えるようにしましょう。そして前後左右の人に挨拶しましょう。全員立ち上がって移動しなさい。他のグループのなるべく知らない人とペアになります。上の挨拶をしたら、じゃんけんをします。ペアを代えて、じゃんけんに3回勝ったら席に戻ります。

Ecoutez bien l'exemple du professeur, et recommencez **1** en français en vous présentant à vos voisins de droite, gauche, devant et derrière.

3 立ち上がります。二列になって対面しなさい。**2**の挨拶をします。終わったら、問1の答えを相談しましょう。先生の解説が終わったら、時計回りにずれます。また、**2**の挨拶をします。終わったら、問2の答えを相談しましょう。以下同様に続けてください。

Mettez-vous debout et formez deux lignes en vous faisant face. Présentez-vous comme dans **2** et concertez-vous pour répondre à la question 1. Ecoutez la réponse correcte et l'explication du professeur. Au signal du professeur décalez-vous d'un cran et continuez l'exercice en saluant à chaque fois votre nouveau partenaire.

1. フランスの人口は日本の人口（約1億3千万人）の約（☐a. 半分　☐b. 1倍　☐c. 2倍）です。

2. フランスの面積は日本の約（☐a. 1倍　☐b. 1.5倍　☐c. 2倍）です。

3. フランスの人口密度は日本の約（□a. 1/3　□b. 2/3　□c. 3/3）です。

4. パリの緯度は（□a. 福岡くらい　□b. 東京くらい　□c. 樺太くらい）です。

5. フランス語はフランス本国以外に約 50 か国で使われています（地図参照）。このフランス語圏の人口は日本の人口と比べると（□a. 少ない　□b. だいたい同じ　□c. 多い）です。

6. フランスはヨーロッパの中心的存在です。このヨーロッパ連合は何と呼ばれていますか？
□a. EEC　□b. EC　□c. EU

7. EU は 5 億人の巨大市場であり、アメリカに対抗する経済的、政治的存在になっています。ドルに対抗してユーロが世界の基軸通貨になっています。地図を参考にして加盟国（28 か国）を確認しましょう。

8. フランスの周辺にある国を 7 か国挙げましょう。

4 次の文章を 2 人組で 1 行ずつ「メチャクチャ読み」しましょう。次に先生の後について発音しましょう。

Lisez la chanson à deux sans craindre les fautes et répétez après le professeur.

> Frère Jacques, Frère Jacques.
> Dormez-vous ? Dormez-vous ?
> Sonnez les matines ! Sonnez les matines !
> Dig, ding, dong. Dig, ding, dong.

5 4 人組で、上のテキストを見て、つづり字の特徴を話し合いなさい。X 番の人が司会し、発表します。

À quatre, discutez de l'orthographe des mots du texte ci-desssus.

6 「フレールジャック」のメロディーで歌いましょう。うまく歌えたら、2 輪唱、3 輪唱に挑戦しましょう。

Chantons la mélodie de Frère Jacques. Puis essayons de chanter en chœur à deux et trois voix.

7 先生の発音をリピートしながら、テキストを書き取りましょう。特殊記号に注意しましょう。

Recopiez le texte de la chanson tout en écoutant la lecture du professeur.

8 4 人組で順番に「好きなだけ読み」をしましょう。

Lisons ensemble.

INTERCULTUREL　日本語化されたフランス語

　明治以前の外来語がほぼ中国語起源だったように、今日の外来語は英語起源が圧倒的多数ですが、意外にフランス語からもさまざまな言葉が日本語に入っています。次のフランス語を発音してみましょう。日本語が思い当たるはずです。

antique　avec　baguette　ballet　beige　béret　bonbon　bouillon　bouquet
boutique　café au lait　chanson　chef　chou à la crème　cinéma　crayon
crêpe　croissant　dessin　élite　encore　enquête

おもな登場人物

Rita
Taïga の姉。ストラスブール在住。25歳。小学校の先生。

Pierre
パリ在住の医師。カフェで Taïga に出会い友達になる。

Marie
Pierre の妹。Taïga と知り合って、ストラスブール帰郷に同行する。

Taïga
ストラスブール出身。医学部の学生。パリに出てきたばかり。日本人の母、フランス人の父を持つ。20歳。

Keiko
Taïga の母。九州出身。医師。

教室のフランス語　　Le français de la classe

Pardon ?
すみません（もう一度言ってください）。

En français, comment dit-on « ...... » ?
〜はフランス語で何といいますか？

On dit « .... ».
〜といいます。

« .... », qu'est-ce que ça veut dire ?
〜はどういう意味ですか？

Ça veut dire, « .... ».
〜という意味です。

> **Comment ça se prononce ?**
> どう発音しますか？

> **Ça se prononce, « .... ».**
> 〜と発音します。

> **Comment ça s'écrit ?**
> スペルは？

> **Ça s'écrit « .... ».**
> スペルは〜です。

「お星様きらきら」のメロディーで「abc の歌」を歌いましょう。

Chantons tout le monde abc.

a	b	c	d	e	f	g	h	i
[ɑ]	[be]	[se]	[de]	[ə]	[ɛf]	[ge]	[aʃ]	[i]
j	k	l	m	n	o	p	q	r
[ʒi]	[ka]	[ɛl]	[ɛm]	[ɛn]	[o]	[pe]	[ky]	[ɛːr]
s	t	u	v	w	x	y	z	
[ɛs]	[te]	[y]	[ve]	[dublǝve]	[iks]	[igrɛk]	[zɛd]	

つづり字記号

記号	名称	例	単語例
´	アクサン・テギュ（右上がりの点）	é	café cinéma
`	アクサン・グラーブ（右下がりの点）	à è ù	père où
^	アクサン・シルコンフレックス（帽子）	â ê î ô û	être hôtel
¸	セディーユ（シッポ）	ç	ça français
¨	トレマ	ë ï ü	Noël Taïga
'	アポストロフ		l'eau j'habite
-	トレ・デュニオン（横棒）		est-ce que

LEÇON 1

Je m'appelle Taïga.

学習目標
- ❶ 国籍が言えるようになる　　　Les nationalités
- ❷ 職業が言えるようになる　　　Les professions
- ❸ 数を数えられる (1～10)　　　Compter de 1 à 10
- ❹ カフェで注文ができるようになる　Commander dans un café
- ❺ フランス人名を持つ　　　　　Avoir un prénom français

パリのカフェで Taïga (T) と Pierre (P) が出会います。
Taïga rencontre Pierre dans un café à Paris.

T : Bonjour.
P : Bonjour.
T : C'est libre ?
P : Oui, oui. C'est libre.
T : Je m'appelle Taïga.
P : Ah Taïga ! Enchanté. Je m'appelle Pierre.
T : Enchanté, Pierre. Je suis étudiant.
P : Ah oui, étudiant.
T : Et toi ?
P : Moi, je suis médecin.
T : Français ?
P : Oui. Et toi ?
T : Je suis japonais et français.

国籍　Les nationalités

国籍を言う場合、男性と女性で区別します。
区別しない国籍もあります。

　　belge / belge　　suisse / suisse

この場合の国籍は「〜人の」という意味で、大文字は使いません。

男性	français	japonais	chinois	anglais	italien	coréen	américain
女性	française	japonaise	chinoise	anglaise	italienne	coréenne	américaine

1 どんな国籍が好きですか？

全員立ち上がります。X 番の人が理想の恋人の国籍を決めなさい。次の人から順番に当てていきます。恋人が、女性か、男性かに注意しなさい。はずれたら、non と答えます。当たるまで続けます。当たったら oui です。出題者が一巡したら座りなさい。

Posez-vous mutuellement des questions pour connaître la nationalité de vorte amoureux(se) idéal(e). Répondez par oui ou par non.

　　B : Américain ?　　A : Non.
　　C : Chinois ?　　　A : Non.
　　D : Japonais ?　　 A : Oui. Très bien.
　　D : Merci.

職業　Les professions

職業名も、男性、女性で区別します。

男性	étudiant	employé	acteur	chanteur	danseur	musicien
女性	étudiante	employée	actrice	chanteuse	danseuse	musicienne

形が変化しないものもあります。

　　journaliste　médecin　dentiste　professeur　guitariste　pianiste　fonctionnaire

2 どんな職業が好きですか？

全員立ち上がります。X 番の人が好みの職業を決めなさい。次の人から順番に当てていきます。出題者が、女性か、男性かに注意しなさい。はずれたら、non と答えます。当たるまで続けます。当たったら oui です。出題者が一巡したら座りなさい。

Posez-vous mutuellement des questions pour connaître la profession choisie par votre partenaire. Répondez par oui ou par non.

　　C : Étudiante ?　　　　B : Non.
　　D : Actrice ?　　　　　B : Oui, très bien.
　　D : Merci beaucoup.

形容詞の位置　La place de l'adjectif

> ① 次の項目を説明できるよう準備しなさい（X 分）。
> ② X 番の人が立ち上がってグループに説明します。

フランス語の形容詞は名詞の後ろに来ます。〈このことに充分驚きましょう。〉

「日本人の女子学生」の語順はどうですか？

日　本　語：「日本人の」＋「女子学生」

英　　　語：**Japanese** + student

フランス語：étudiante **japonaise**

3 ペアになります。1人が自分の職業と国籍を決めなさい。もう1人がそれを当てます。相手が、女性か、男性かに注意しなさい。はずれたら、non と答えます。当たるまで続けます。当たったら oui です。

Recommencez l'exercice en conjugant les exercices sur la nationalité et la profession.

A : Étudiante chinoise ?　　　　B : Non.

A : Actrice chinoise ?　　　　　B : Non et non.

option 指名された人が前に出ます。クラスの全員でその人が決めた職業と国籍を当てます。手を挙げて、指された人が答えます。「一歩踏み出す力」が問われています。勇気を出して手を挙げましょう。

数字（1~10）　下の表を次の手順で勉強しよう（Travailler en 5 étapes）

① ペアでメチャクチャ読み　　　　Lire à deux sans craindre les fautes
② 先生の後についてリピート　　　Répéter après le professeur
③ 先生と偶数、奇数の交互読み　　Lire à tour de rôle avec le professeur (nombres paires et impaires)
④ ペアで交互読み　　　　　　　　Lire à deux alternativement
⑤ 4人で時計回りに数える　　　　 Compter à quatre

| 1 un(e)* | 2 deux | 3 trois | 4 quatre | 5 cinq |
| 6 six | 7 sept | 8 huit | 9 neuf | 10 dix |

* 男性名詞の場合は un、女性名詞の場合は une をつけます。

un café　　**une** étudiante　　　　ゼロは zéro です。

4 全員立ち上がります。教室の中を移動し、他のグループのなるべく知らない人とペアになります。挨拶をしてから交互に10まで数えなさい。数え終わったらじゃんけんをします。3回勝ったら席に戻りなさい。パートナーを探すときは手を上げなさい。

5 全員立ち上がります。教室の中を移動し、他のグループのなるべく知らない人とペアになります。下の例にならって挨拶をした後 10 まで数えなさい。数えたら、じゃんけんしなさい。3 人の人に勝ったら席に戻ります。挨拶は、名前、国籍、職業です（架空でかまいません）。パートナーを探すときは手を上げなさい。

Comptez à tour de rôle jusqu'à 10. Entraînez-vous comme dans l'exemple ci-dessous.

A : Bonjour.	B : Bonjour.
A : Je m'appelle Pierre. Et toi ?	B : Moi, je m'appelle Anne.
A : Moi, je suis français. Et toi ?	B : Moi aussi.
A : Je suis médecin. Et toi ?	B : Moi, je suis chanteuse.
A : Un.	B : Deux.
A :	

6 全員立ち上がります。4人組で行います。X番の人が出題者です。1 から 10 までのどれかの数字を決めます。次の人から順番に当てていきます。はずれたら、non と答えなさい。当たるまで続けます。当たったら oui です。出題者が一巡したら座りなさい。

Posez-vous des questions à tour de rôle et trouvez le chiffre choisi par votre partenaire comme dans l'exemple ci-dessous.

D : Deux ?	C : Non.
A : Quatre ?	C : Non.
B : Neuf ?	C : Oui, c'est ça. Très bien.
B : Merci beaucoup.	

① 次の項目を説明できるよう準備しなさい（X 分）。
② X番の人が立ち上がってグループに説明します。

INTERCULTUREL　カフェで注文する　Les cafés en France

フランスのカフェでは、カウンター席とテーブル席では飲食物の値段が異なります。テーブルのほうがゆっくり座れるので若干高くなります。テーブル席ではガルソン (garçon) に注文し、支払いもガルソンにします。15%のチップは値段に含まれていますが、サービスの満足度に応じて小銭を置くこともあります。

カフェーのメニュー　Menu de café

UN CAFÉ	UN CROISSANT
UN CAFÉ AU LAIT	UN SANDWICH
UN THÉ	UNE PIZZA
UN COCA	UNE OMELETTE

```
CAFE LE FLORE
172 BOULEVARD SAINT GERMAIN
75006 PARIS FRANCE
SIRET:30250710800017 NAF:5630Z TVA:FR06302507108
TEL : 01.45.48.55.26

MICHEL.LL
  2 CAFE                          9.20
TOTAL                           9.20
----------------------------------------
  HT Service Compris    TVA         TTC
TVA 10.00 %       8.36   0.84      9.20
Dont Service      1.10

        TOTAL EURO               9.20
LUNDI 02-02-2015 15:13:37
Cle 10-Serv: 10-Caisse  1-Num: 0014359/001
     MERCI DE VOTRE VISITE
        www.cafe-de-flore.com
```

7 1人が客になって注文し、もう1人がガルソンになって注文を復唱します。注文するものを増やしましょう。

Entraînez-vous comme dans l'exemple ci-dessous. Jouez, chacun votre tour, les rôles de client et de serveur.

    A : Un café, s'il vous plaît.
    B : Oui, un café.

    A : Deux thés, quatre cafés et six pizzas, s'il vous plaît.
    B : Oui, deux thés, quatre cafés et six pizzas.

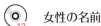

女性の名前

Anne, Annie, Brigitte, Corine, Colette, Denise, Evelyne, Françoise, Geneviève, Hélène, Isabelle, Jeanne, Karine, Laura, Marie, Marianne, Nathalie, Odette, Patricia, Pauline, Rita, Sarah, Thérèse

男性の名前

André, Alain, Antoine, Bernard, Claude, David, Eric, Frédéric, Guy, Henry, Jean, Julien, Laurent, Louis, Luc, Marc, Paul, Pascal, Patrick, Philippe, Pierre, Robert, Simon, Thomas, Valentin, Vincent

8 ペアになって、上の名前を「メチャクチャ読み」しましょう。下敷きを参考にして、発音の規則性を見つけましょう。

Lisez les prénoms ci-dessus. Attention à la prononciation et au genre de chaque prénom.

9 先生の発音をリピートしながら、自分のフランス名を選びましょう。

Répétez les prénoms après le professeur et chosissez-vous un prénom français.

10 立ち上がります。2列になって対面します。相手の名前をインタビューしましょう。終わったら、先生の合図で時計周りに1つずつずれます。

Faites deux lignes et faites-vous face. Entraînez-vous comme dans l'exemple ci-dessous.

    A : Bonjour.   B : Bonjour.
    A : Je m'appelle Anne. Et toi ?   B : Je m'appelle Jean. Enchanté.
    A : Enchantée.

LECTURE DU DIALOGUE　Option ▶ 英語で通訳してみよう。

1) **音読練習：いっしょ読み**／本文を音読できるようにします。4人組で行います。次の手順で行います。
   ① 各自黙読しなさい。
   ② X番目の人から順番に1人1文ずつ音読しなさい。
   ③ 全員で一緒に音読できるように練習しなさい。録音も参考にしなさい（X分）。
   ④ X分たったら、指名されたグループが前に出て発表します。

2) **出張先生**／本文を説明できるようにします。次の手順に従いなさい。
   ① 4人で誰がどこを分担するかを決める。
   ② 各自、担当部分を説明できるようにする（なぜそのように訳せるのか）（以上5分）*。
   ③ 順番に担当部分を説明する（5分）。
   ④ X番の人が出張して説明できるように説明練習（リハーサル）をさせる（残りの人がトレーニングする）（5分）。
   ⑤ 出張して説明する。説明が異なっていたら議論する（5分）。
   ⑥ 元のグループに戻って、他のグループとの相違を議論する。
   ＊ 自分で考えても分からなかったら尋ねましょう。早く終わった人は支援に回ります。

3) **回し訳**／音読と日本語訳の練習をします。
   ① X番の人が1文（一区切り）音読します。
   ② 次の人はそれを訳します。
   ③ 訳し終わったら、次の1文（1区切り）を音読します。
   ④ その次の人が訳します。
   以下、同様に4人組で回していきます。

4) **通訳練習 Interprétariat**／本文の通訳練習をします。
   ① 配役を決めます。
   ② それぞれの配役につく通訳を決めます。
   ③ 登場人物が台詞を音読したらすぐに通訳していきます。通訳はなるべく教科書を見ません。
   ④ 発表準備をします（X分）。
   ⑤ 指名されたグループが発表します。

作文 THÈMES

1. こんにちは。ぼくの名前はPierreです。フランス人の学生です。
2. 私の名前はFrançoiseです。フランス人です。あなたは？
   ―ぼくは日本人です。名前はケンです。
3. コーヒーを二つとカフェオレを三つください。

LEÇON 2

J'habite à Paris.

学習目標

- ❶ 自己紹介ができる — Savoir se présenter
- ❷ 20まで数えられる — Compter jusqu'à 20
- ❸ リエゾン、単数、複数を正しく使える — Singulier pluriel des noms. La liaison
- ❹ ヨーロッパ連合の根っこについて紹介できる — La communauté européenne

DIALOGUE つづき (suite)

P : Tu es donc étudiant franco-japonais.

T : Oui, c'est ça.
　　Et toi, tu es donc médecin français.

P : Exact.

T : Tu travailles à Paris ?

P : Non, je travaille à Versailles.
　　Mais j'habite à Paris. Et toi ?

T : Eh bien, moi aussi, j'habite à Paris.
　　Mais je suis de Strasbourg.

P : De Strasbourg ! C'est très bien.

リエゾンとアンシェヌマン (「くっつき発音」) La liaison et l'enchaînement

母音で始まる単語は、前の単語の子音字と続けて発音されることがあります。

　　Je suis_américain.　「ジュスイザメリカン」のような発音になります。

　　J'habite_à Osaka.　「ジャビッタオザカ」のような発音になります。

1 ペアになります。7ページの数字を参考にしながら、1歳から10歳までを交互に言いましょう。
「〜歳」は数字のあとに « an(s) » をつけます。

母音で始まる単語なので、「くっつき発音」に注意！

Lisez les âges de 1 an à 10 ans à tour de rôle.
Attention aux liaisons.

　　un_an, deux_ans, trois_ans ....

> 「くっつき発音」がうまくできたら très bien、違っていたらみんなで相談しよう。

❷ 4人組になります。7ページの数字を参考にカバ (hippopotame) とゾウ (éléphant) を1頭から10頭まで数えましょう。X番の人から順番に数えます。X分後に指名されたグループが立ち上がって発表します。

Compter dix hippopotames (éléphants) à tour de rôle.

単数形と複数形　Singulier et pluriel

フランス語の名詞の性別、数（単数形と複数形）の規則性を見つけよう。

	男性	女性
単数	un　étudiant　africain	une　étudiante　africaine
複数	deux étudiants africains	deux étudiantes africaines

☐ フランス語の名詞には（　　）性名詞と（　　）性名詞があります。
☐ 複数名詞には（　　）をつけます。
☐ 形容詞は、修飾する名詞の（　　）と（　　）に一致します。

いくつかの、何人かの　des（英語 some）

不特定の数を表すには、複数名詞の前に **des** をつけます。

　　des étudiants　何人かの学生

❸ ① 各自、フランス語は日本語に、日本語はフランス語になおしなさい（X分）。
② X番の人から1人1問ずつ順番に回答しなさい。答えが適切なら残りのメンバーは Très bien と言います。適切でない場合は話し合いなさい。わからなかったら助け合いなさい。
③ X番の人は発表準備をします。

Traduisez le japonais en français et le français en japonais et complétez le tableau.

1. 1人の日本人の女子学生　　　　　　　　　　　　　　
2. ────────────────　des pandas chinois
3. ────────────────　une actrice américaine
4. 5人のイタリア人の女性会社員　　　　　　　　　　　
5. ────────────────　trois pianistes suisses
6. ────────────────　des fonctionnaires belges

数 (11〜20)　数字の表を次の手順で勉強しよう (Travailler en 5 etapes)

① ペアでメチャクチャ読み　　　　Lire à deux sans craindre les fautes
② 先生の後についてリピート　　　Répéter après le professeur
③ 先生と偶数、奇数の交互読み　　Lire à tour de rôle avec le professeur (nombres paires et impaires)
④ ペアで交互読み　　　　　　　　Lire à deux alternativement
⑤ 4人で時計回りに数える　　　　Compter à quatre

| 11 onze | 12 douze | 13 treize | 14 quatorze | 15 quinze |
| 16 seize | 17 dix-sept | 18 dix-huit | 19 dix-neuf | 20 vingt |

4 ペアになります。挨拶をしてから交互に 11 〜 20 まで数えなさい。挨拶は、①名前、②国籍、③職業、④職業地、⑤居住地、出身地です（架空でかまいません。書き入れましょう）。B は A にならって答えなさい。

Entraînez-vous à compter de 11 à 20. Imitez le dialogue ci-dessous, et entraînez-vous à demander le nom, la nationalité, la profession, la ville où travaille et habite quelqu'un.

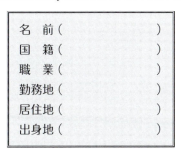

A : Bonjour.　　　　　　　　　　　　B : Bonjour.
A : Je m'appelle _____ Et toi ?　　　B : Moi, je m'appelle _____
A : Je suis français(e). Et toi ?　　　　B : Moi, je suis _____
A : Je suis pianiste. Et toi ?　　　　　B : Moi, je suis _____
A : Je travaille à Paris. Et toi ?　　　　B : Moi, je travaille à _____
A : J'habite à Nice. Et toi ?　　　　　B : Moi, j'habite à _____
A : Je suis de Strasbourg.　　　　　　B : Moi, je suis de _____
A : Onze.　　　　　　　　　　　　　B : Douze.

5 4人組になります。2人が上の会話を演じます。テキストは見ません。残りの2人が両脇に立って「プロンプター」をします。X 分たったら、指名されたグループが発表します。

> 「プロンプター」とは、役者が台詞につまったとき、台詞を囁く係りです。

6 全員立ち上がります。4人組になります。X 番の人が出題者です。1 から 20 までのどれかの数字を決めます。次の人から順番に当てていきます。はずれたら、non と答えなさい。当たるまで続けます。当たったら oui です。出題者が一巡したら座りなさい。

Posez-vous des questions à tour de rôle et trouvez le chiffre choisi par votre partenaire comme dans l'exemple ci-dessous.

A : Dix-huit ?　　　D : Non. Moins.（もっと少ない）
B : Cinq ?　　　　 D : Non. Plus.（もっと多い）
C : Onze ?　　　　D : Non. Plus.
A : Quinze ?　　　 D : Oui, très bien.
A : Merci bien.

年齢（1）　年齢の言い方

J'ai ... ans.
Tu as ... ans.

> くっつき発音に注意。

7 X番の人から順番に 1 an 〜 20 ans まで数えなさい。終わったら順番に、例にならって思い出を日本語で語りなさい。

あなた：　J'ai 6 ans. 小学校の入学式にはお兄ちゃんが来てくれました。お父さんとお母さんは忙しくて来れなかったので。

メンバー：ふ〜ん．

> 自己開示（自分を見せること）の大切さに気づきましょう。

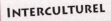

ヨーロッパ連合の根っこ
La commmunauté européenne

> ① 次の項目を教科書を伏せてメモだけ見て説明できるよう準備しなさい（X分）。
> ② 全員教科書を閉じます。X番の人が立ち上がってメモだけ見てグループに説明します。時間が余ったら話し合いなさい。

　タイガの故郷であるストラスブール（Strasbourg）はフランス東部にあります（地図参照）。ドイツと国境を接しており、ライン川を渡ればすぐにドイツです。ヨーロッパ統合（1993年）前は税関があって、パスポートチェックがありましたが、今はものものしい建物が残っているだけです。歩いても行けますし、バスも通っていて、チェックされることなく、国境を行き来できます。このあたりの感覚は島国の人間には新鮮です。しかし、川を越えれば簡単に隣国に入れるということは国境紛争が起こりやすいということでもあります。事実、ストラスブールのあるアルザス地方や隣のロレーヌ地方が、戦争のたびにフランスになったり、ドイツになったりしたことはみなさんもご存知でしょう。

　第二次世界大戦が終わって、「もう戦争はこりごりだ」という平和への願いが、ヨーロッパ統合の大きな推進力となりました。

LECTURE DU DIALOGUE　　Option ▶ 英語で通訳してみよう。

❶音読練習：いっしょ読み ➡ ❷出張先生 ➡ ❸回し訳 ➡ ❹通訳練習 Interprétariat

作文 THÈMES

1. 私は19歳です。熊本に住んでいます。フランス人です。リタといいます。
2. ぼくは20歳です。パリに住んでいます。パリで働いています。日本人です。名前はケンです。
3. ぼくの名前はタイガです。学生です。日本人とフランス人の混血です（franco-japonais）。ストラスブール出身ですが、パリに住んでいます。パリで勉強しています。

LEÇON 3

Qu'est-ce que tu fais dans la vie ?

学習目標

- ① インタビューに習熟する   Interroger quelqu'un
- ② 友だちを紹介できる   Présenter un ami
- ③ 数える (21〜60)   Compter de 21 à 60
- ④ 生年月日が言える   La date de naissance
- ⑤ ユーロに親しむ   L'euro
- ⑥ 活用、疑問形、エリジオンについて説明できる   Conjugaisons, interrogation et élision

DIALOGUE

カフェにて dans un café　　P : Pierre　T : Taïga　M : Marie

P : Taïga, je te présente¹⁾ ma sœur Marie.

T : Enchanté, Marie.
Moi, c'est Taïga.

M : Enchantée, Taïga.
Qu'est-ce que tu fais dans la vie ?

T : Je suis étudiant en²⁾ médecine. Et toi ?

M : Moi, j'étudie la psychologie.
Est-ce que tu as des frères et sœurs ?

T : Oui, j'ai une sœur. Elle s'appelle Rita.

M : Elle a quel âge ?

T : Elle a 25 ans. Elle est célibataire, mais elle a un petit ami.

1) Je te présente
 > presenter「紹介する」
 te 人称代名詞目的語「君に」

2) en : 科目を表す
 cf. en commerce 商学部の
   en droit 法学部の
   en économie 経済学部の
   en lettres 文学部の

数（21〜60） 下の表を次の手順で勉強しよう（Travailler en 5 étapes）

空欄を埋めよう。Complétez le tableau.
① ペアでメチャクチャ読み　　Lire à deux sans craindre les fautes
② 先生の後についてリピート　Répéter après le professeur
③ 先生と偶数、奇数の交互読み　Lire à tour de rôle avec le professeur (nombres paires et impaires)
④ ペアで交互読み　　　　　　Lire à deux alternativement
⑤ 4人で時計回りに数える　　Compter à quatre

21 vingt et un	31 trente et un	41 quarante et un	51 ....
22 vingt-deux	32	42 quarante-deux	52 cinquante-deux
23 vingt-trois	33 trente-trois	43	53 cinquante-trois
24 vingt-quatre	34 trente-quatre	44 quarante-quatre	54 ....
25	35 trente-cinq	45 quarante-cinq	55 cinquante-cinq
26 vingt-six	36	46 quarante-six	56 cinquante-six
27 vingt-sept	37 trente-sept	47	57 cinquante-sept
28 vingt-huit	38 trente-huit	48 quarante-huit	58 ....
29 vingt-neuf	39 trente-neuf	49 quarante-neuf	59 ....
30 trente	40 quarante	50 cinquante	60 soixante

* 21, 31, 41, 51 には et が入ります。　「手が入る」と覚えましょう。

1 ペアになります。L2 **4** の例にならってパートナーをインタビューしなさい。架空のアイデンティティーでかまいません。終わったら交互に 21-60 まで数えなさい。

Créez-vous un personnage imaginaire et interrogez-vous mutuellement et comptez chacun son tour de 21 à 60.

2 全員立ち上がります。4人組になります。X番の人が出題者です。21 から 60 までのどれかの数字を決めます。次の人から順番に当てていきます。はずれたら、non と答えなさい。当たるまで続けます。当たったら oui です。出題者が一巡したら座りなさい。

Posez-vous des questions à tour de rôle et trouvez le chiffre choisi par votre partenaire comme dans l'exemple ci-dessous. Faites cet exercice avec les nombres de 21 à 60.

B : Quarante-sept ?　　A : Non. Moins.
C : Quarante ?　　　　A : Non. Plus.
D : Quarante-six ?　　 A : Oui, très bien.
D : Merci bien.

3 ① 例にならって各自足し算の問題を考えます。答えが1から60までになるようにしてください。

② 全員立ち上がって移動します。他のグループのなるべく知らない人とペアになります。1人が足し算の問題を出します。もう1人が計算をします。役割を交換します。終わったら、別の2人と同じことをしてから席に戻りなさい。

Proposez à votre partenaire des additions afin qu'il vous en dise la somme. Attention la somme doit être comprise entre 1 et 60. Suivez l'exemple ci-dessous.

A : Bonjour.
B : Bonjour.
A : Vingt-deux et trente-quatre. Combien ?
B : Cinquante-six.
A : Très bien.
B : Merci.

4 ① 各自、例にならって「〜歳」の時に自分が何をしているか考えます。 ＜自己開示を忘れずに！＞

② X番の人から順番に日本語で語りなさい。

X : J'ai 45 ans. ＜くっつき発音に注意！＞
　　子育てを早めに済ませて社会復帰。
メンバー : ふ〜ん。

動詞の活用　Conjugaisons

①下の活用表を2人組で「メチャクチャ読み」します。
②先生のあとについて発音練習します。
③4人で順番に発音します。
④X番の人の後についてリピートします。

フランス語の動詞も、英語のように主語に応じて変化します。

活用語尾の特徴を話し合おう。

主語が tu のときは、動詞の語尾に（　　）が付きます。

なお、フランス語の動詞にも**原形**があり、それが辞書に載っている**辞書形**でもあります。

原形 主語	être (である)	avoir (持つ)	habiter (住む)	travailler (働く)	s'appeler (という名前である)	faire (する、作る)	étudier (勉強する)
私は	je suis	j'ai	j'habite	je travaille	je m'appelle	je fais	j'étudie
君は *	tu es	tu as	tu habites	tu travailles	tu t'appelles	tu fais	tu étudies
彼は	il est	il a	il habite	il travaille	il s'appelle	il fait	il étudie
彼女は	elle est	elle a	elle habite	elle travaille	elle s'appelle	elle fait	elle étudie
私たちは **	on est	on a	on habite	on travaille	on s'appelle	on fait	on étudie

*　tu（君は）とは「タメグチ」をきく間柄で相手を指す言い方です。「です、ます」で話すあらたまった関係では使えません。先生には「tu」を使って話しますか？

**　会話では、「私たち」という意味で「on」がよく用いられます。

5 ① 17ページの活用表を参考にして、次の文を Il (Elle) を主語にして書き換えなさい。
② 隣の人と相談しよう。
③ 全員ができたら4人で確認しよう。
Ecrivez les phrases à la troisième personne du singulier.

名前	Je m'appelle Françoise.	Il / Elle _____
国籍	Je suis suisse.	Il / Elle _____
職業	Je suis pianiste.	Il / Elle _____
勤務地	Je travaille à Strasbourg.	Il / Elle _____
居住地	J'habite à Colmar.	Il / Elle _____
出身地	Je suis de Genève.	Il / Elle _____
年齢	J'ai 18 ans.	Il / Elle _____

6 立ち上がります。4人組になります。
上の例にならって、Aが自己紹介をします（架空でかまいません）。Bは、それを Il (Elle) を主語にして書き換え、他のメンバーに紹介しなさい。終わったらBが自己紹介をして、CがBを他のメンバーに紹介します。次々と紹介していきましょう。X分後、指名されたグループがみんなの前で発表します。

À quatre. La première personne se présente, la seconde présente la première à la troisième et ainsi de suite.

　　A : Je m'appelle Marie.　　　B : Elle s'appelle Marie.

　　A : Je suis française.　　　　B : Elle est française.

エリジオン　Élision : e の省略

je, me, te, se, que, ne などのいくつかの語は後ろに母音や無音の h が続くと、j' というようにアポストロフをつけて e を省略します。

　　J'habite à Tokyo.　　< ~~Je habite~~
　　Je **m'appelle** Rita.　< Je ~~me appelle~~
　　Tu **t'appelles** ...　　< Tu ~~te appelles~~ ...
　　Il **s'appelle** ...　　　< Il ~~se appelle~~ ...

① 次の項目を説明できるよう準備しなさい（X分）。
② X番の人が立ち上がってグループに説明します。

疑問文　L'interrogation

フランス語の疑問文の作り方は2つあります。

1) 文の終わりを上げて発音する（書くときはクエスチョンマークをつける）。
　　Tu as des frères et sœurs **?**

2) 文のはじめに Est-ce que をつける。
　　Est-ce que tu as des frères et sœurs ?

① 次の項目を説明できるよう準備しなさい（X分）。
② X番の人が立ち上がってグループに説明します。

7 ペアになります。次の文に Est-ce que をつけて発音しましょう。問題文と答えを2人で一緒に発音します。書き込む必要はありません。

Transformez les phrases interrogatives en y ajoutant « est-ce que ».

0. Tu t'appelles Taïga ?   Est-ce que tu t'appelles Taïga ?
1. Tu t'appelles Pierre ?   _____
2. Tu es français ?   _____
3. Tu es célibataire ?   _____
4. Tu es étudiant ?   _____
5. Tu habites à Kurume ?   _____
6. Tu es de Kurume ?   _____
7. Tu as vingt ans ?   _____
8. Tu as un(e) petit(e) ami(e) ?   _____

option 4人組で行います。X番の人が「スター」です。残りの人が上の文を使って順番に「スターインタビュー」をしなさい。X分後、指名されたグループが皆の前で発表します。

8 ① 各自次の文が答えになるような疑問文を作りなさい（X分）。
② 隣の人と相談します。
③ 全員ができたら4人で答えを確認しましょう。

Trouvez la question comme dans l'exemple.

0. Est-ce que tu t'appelles Pierre ?   Non, je m'appelle Taïga.
1. _____   Non, je m'appelle Taïga.
2. _____   Non, j'ai dix-neuf ans.
3. _____   Oui, j'ai un(e) petit(e) ami(e).
4. _____   Oui, je suis célibataire.
5. _____   Oui, j'habite à Kurume.
6. _____   Non, j'ai dix-huit ans.
7. _____   Non, je suis de Fukuoka.
8. _____   Non, je travaille à Tsutaya.

疑問詞 Pronom et adjectif interrogatifs

| qu'est-ce que | 何を | **Qu'est-ce que** tu fais ? |
| quel âge | 何歳 | Tu as **quel âge** ? |

年齢 (2) L'âge

年齢を言うときは avoir 動詞を使います。

Elle a quel âge ?   彼女は何歳ですか？

> avoir は「持っている」という意味ですから、英語で be 動詞を使うのと発想が異なります。

Leçon 3 Qu'est-ce que tu fais dans la vie ?

生年月日の言い方 La date de naissance

être né(e) le 年月日 . で生年月日の表現ができます。(英語 be born)
また、年月日には le をつけます。

友達の誕生日を尋ねましょう。

Tu es né(e) quand ? — Je suis né(e) le 23/03/95.

je	suis	né(e)
tu	es	né(e)
il	est	né
elle	est	née

9 例にならって答えなさい。Répondez comme dans l'exemple.

例 Il est né le 23/09/55. Il a quel âge ?　　Il a 60 ans.

Elle est née le 12/11/60. Elle a quel âge ?　　----------------
Il est né le 02/06/65. Il a quel âge ?　　----------------
Marie est née le 18/12/54. Elle a quel âge ?　　----------------

INTERCULTUREL　ユーロについて　L'euro

2002年1月1日から、ヨーロッパ12か国で一斉にユーロが使われ始めました。それまで各国で使われていたフランスのフランやドイツのマルクなどの通貨が一斉にユーロという通貨に置き換わりました。ユーロ圏の約3億人が貨幣を別のものにしたのですから大変なことでした。そしてほぼ同時に、たくさんあった両替所が姿を消しました。同一貨幣で済むようになったのですから、経済や旅行者にとっては便利ですね。

> ①次の項目を教科書を伏せてメモだけ見て説明できるよう準備しなさい(X分)。
> ②全員教科書を閉じます。X番の人が立ち上がってメモだけ見てグループに説明します。時間が余ったら話し合いなさい。

10 ①2人でスマートフォン1台を共有します。2人で協力してユーロやユーロ圏について調べなさい(X分)。
　　②4人組の残りのペアと相互に調べたことを発表します(X分)。時間が余ったら全員で話し合いなさい。
　　③指名されたX番の人が4人グループで学び合ったことをクラスに発表します。

11 適当なつづり字、または数字を入れなさい。Transformez les prix de chiffres en lettres et vice versa.

1. 27 euros　　----------------
2. 44 euros　　----------------
3. 21 euros　　----------------
4. cinquante trois euros　　----------------
5. trente-huit euros　　----------------
6. quarante-neuf euros　　----------------
7. soixante euros　　----------------

12 ディアローグの内容に関する質問　Lisez le dialogue et répondez aux questions.

Taïga est étudiant en psychologie ?　　Non, il est étudiant en médecine.
Taïga, il a une sœur ?
Rita, elle a un petit ami ?
Marie, elle étudie la médecine ?
Rita a vingt ans ?
Est-ce que Marie est mariée ?

 LECTURE DU DIALOGUE　　Option▶ 英語で通訳してみよう。

❶音読練習：いっしょ読み ➡ ❷出張先生 ➡ ❸回し訳 ➡ ❹通訳練習 Interprétariat

作文 THÈMES

1. 仕事は何？　　　　―文学部 (en lettres) の学生。君は？
   私は経済を勉強しています。
2. 兄弟はいますか？　―兄が 1 人。
   何歳？　　　　　　―36 歳。
   独身？　　　　　　―ええ。でも、恋人がいます。
3. ぼくの名前はタイガです。医学部の学生です。ストラスブール出身ですが、パリに住んでいます。日仏の混血です。1995 年に生まれました。20 歳です。姉がいます。名前はリタです。25 歳です。独身ですが、恋人がいます。

La Tour Eiffel vue du Palais de Chaillot

LEÇON 4 : On va au Palais de Chaillot ?

学習目標
- ① tu を使ったインタビューができる　Le sujet tu
- ② 否定形を使える　La forme négative
- ③ 願望を伝えられる　Exprimer un souhait
- ④ 予定を述べることができる　Parler de projets
- ⑤ 数える (61〜100)　Compter de 61 à 100
- ⑥ パリについて学ぶ　Présentation de Paris

DIALOGUE No.1 つづき (suite)

P : Pierre　T : Taïga　M : Marie

P : Qu'est-ce qu'on[1] va faire ?

T : Moi, je voudrais visiter Paris, parce que je ne connais[2] pas bien Paris.

M : Ah oui. Tu es de Strasbourg. Qu'est-ce que tu voudrais visiter à Paris ?

T : Euh... je ne sais[3] pas trop. Ah oui, je voudrais voir la Tour Eiffel.

P : Bonne idée. Alors on va au Palais de Chaillot. Allez. On y va[4].

1) qu'on > que + on のエリジオン

2) connais > connaître の活用形：
「知っている」
je connais / tu connais / il connaît...

3) sais > savoir の活用形
「わかる」
je sais / tu sais / il sait...

4) on y va : 英語 Let's go.

否定文　La phrase négative

① 次の項目を説明できるよう準備しなさい（X 分）。
② X 番の人が立ち上がってグループに説明します。

フランス語の否定文は動詞を ne と pas ではさんで作ります。ただし、動詞が母音や h で始まるときにはエリジオン（ne → n'）がおこります。

j'ai　　→　je **n'ai pas**.　　　　　**ne (n') + 動詞 + pas**

j'habite　→　je **n'habite pas**

1 4 人組になります。17 ページの活用表を否定形にして言いましょう。1 人 1 つずつ順番に回します。Transformez à la forme négative.

2 ① 例にならって肯定文は否定文に、否定文は肯定文に書き換えましょう。
② X 番の人から 1 人 1 問ずつ順番に回答しなさい。答えが適切ならば、残りのメンバーは Très bien と言います。適切でない場合は話し合いなさい。わからなかったら助け合いましょう。
③ X 番の人は出張準備をします（出張先生）。

Transformez de la forme affirmative à la forme négative et vice versa.

肯定文	否定文
1. Elle est française.	....
2.	Je ne connais pas Tokyo.
3. Tu habites à Kyoto.	....
4. J'ai 18 ans.	....
5. Il s'appelle Mario.	....
6. Tu étudies la psychologie.	....
7.	Elle n'est pas de Strasbourg.

tu を使ったインタビュー　Interviewer avec le sujet tu

1. 名前	Tu t'appelles comment ?	Je m'appelle ....
2. 国籍	Est-ce que tu es français(e) ?	Non, je suis ....
3. 職業	Qu'est-ce que tu fais (dans la vie) ?	Je suis ....
4. 職業地	Tu travailles où ?	Je travaille à ....
5. 居住地	Tu habites où ?	J'habite à ....
6. 年齢	Tu as quel âge ?	J'ai .... ans.

3 ① 上の 1. から 6. までを、架空の人物になって埋めます。
② 立ち上がります。2 列になって対面しなさい。パートナーをインタビューして、そのデータを書き取りましょう。先生の合図で 1 つずつずれます。今度インタビューされるとき、あなたは先ほどの相手になります。先ほどメモしたデータを利用しましょう。性転換が起こる場合があります。

Complétez le tableau ci-desssus à votre idée. Interrogez votre partenaire, prenez ses réponses en dictée. Changez de partenaire et cette fois, vous êtes la personne que vous venez d'interroger.

4 4人組になります。①と②でペア、③と④でペアを組み、相互に「tu を使ったインタビュー」をしましょう（架空のアイデンティティー）。データをメモしておきます。終わったら、X 番の人から順番にインタビュー結果を報告します（L3 **5** 参照）。

Recommencez l'exercice à 4. Formez deux groupes de deux et interviewez-vous mutuellement. Ensuite, chacun présente son partenaire.

> Il s'appelle Kiyoshi Hikawa. Il est japonais. Il est chanteur de Enka. Il travaille à Tokyo. Il habite à Fukuoka. Il a 40 ans.

5 立ち上がります。「スターインタビュー」をします。
① 各自、架空のキャラクターを作りましょう。
② X 番の人がスターです。メンバーは順番に X 番をインタビューします。インタビューが終わったら次の人がスターです。一順したら座りなさい。
③ 指名されたグループがみんなの前で発表します。

> B : Tu t'appelles comment ?
> A : Je m'appelle Katsuo Isono.
> B : Ah oui.
> C : Est-ce que tu es français ?
> A : Non, je suis italien.
> C : C'est vrai ?
> D : .....

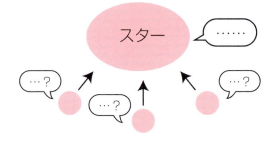

6 立ち上がります。「スターインタビュー」の報告をします。上のインタビューで覚えていることを X 番の人から順番に１つずつ報告します（L3 **5** 参照）。

> A :（ジェスチャーで示しながら）Katsuo habite à Setagaya.
> B : Il a dix ans.
> C : Sazae est de Fukuoka.
> D : Masuo est journaliste.

> ネタがなくなったら座りなさい。

数える（61〜100） 数字の表を次の手順で勉強しよう（Travailler en 5 étapes）

数字の表を見て、気づいたことをペアで話し合おう（X 分）。次の手順で数の数え方を勉強しよう。

① ペアでメチャクチャ読み	Lire à deux sans craindre les fautes
② 先生の後についてリピート	Répéter après le professeur
③ 先生と偶数、奇数の交互読み	Lire à tour de rôle avec le professeur (nombres paires et impaires)
④ ペアで交互読み	Lire à deux alternativement
⑤ ４人で時計回りに数える	Compter à quatre

61 soixante et un	71 soixante et onze	81 quatre-vingt-un	91 ....
62 soixante-deux	72	82	92 quatre-vingt-douze
63	73 soixante-treize	83 quatre-vingt-trois	93 quatre-vingt-treize
64 soixante-quatre	74 soixante-quatorze	84 quatre-vingt-quatre	94 ....
65 soixante-cinq	75	85	95 quatre-vingt-quinze
66	76 soixante-seize	86 quatre-vingt-six	96 quatre-vingt-seize
67 soixante-sept	77 soixante-dix-sept	87 quatre-vingt-sept	97 ....
68 soixante-huit	78	88	98 quatre-vingt-dix-huit
69 soixante-neuf	79 soixante-dix-neuf	89 quatre-vingt-neuf	99 quatre-vingt-dix-neuf
70 soixante-dix	80 quatre-vingts	90 quatre-vingt-dix	100 cent

7 全員立ち上がります。4 人組になります。X 番の人が出題者です。61 ～ 100 から、自分の数字を決めます。次の人から順番に当てていきます。はずれたら、non と答えなさい。当たるまで続けます。当たったら oui です。出題者が一巡したら座りなさい。

Posez-vous des questions à tour de rôle et trouvez le chiffre choisi par votre partenaire comme dans l'exemple ci-dessous. Faites cet exercice avec les nombres de 61 à 100.

  B : Quatre-vingt-sept ?   A : Non. Moins.
  C : Soixante-dix ?   A : Non. Plus.
  D : Quatre-vingts ?   A : Oui, très bien.
  D : Merci.

願望を述べる　Exprimer un souhait

「～が欲しい」、「～したい」と願望を表現するには **Je voudrais** という言い方があります。

  Je voudrais + もの　　　**Je voudrais** un café.
       + 動詞の原形　**Je voudrais** visiter Osaka.

8 ペアになります。例にならって、1 人が将来の希望（願望）を述べなさい。もう 1 人は応答します。
Faites des projets futurs comme dans l'exemple.

  Je voudrais être musicien(ne).   Je voudrais habiter à Strasbourg.
  Je voudrais aller à Genève.   Je voudrais visiter Paris.
  Je voudrais travailler à Los-Angeles.   Je voudrais avoir une télévision.

  A : Je voudrais être fonctionnaire.
  B : Ah oui. Moi, je voudrais être guitariste.
  A : Je voudrais visiter Okinawa.
  B : C'est vrai ? Moi, je voudrais visiter Hokkaido.

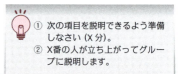
① 次の項目を説明できるよう準備
しなさい (X 分)。
② X番の人が立ち上がってグループに説明します。

aller +原形動詞

予定を述べる（近未来） Le futur proche pour exprimer, l'intention, le projet et le déplacement

Je vais + 原形動詞　〜するつもり、〜するだろう、〜しに行く
（英語：*be going to do*）

近い未来を表現します。主語によって動詞が変化します。

On **va** voir la Tour Eiffel.
Je **vais** être musicien.

説明力を伸ばしましょう。

aller (英語：*go*)	
je	vais
tu	vas
il	va
elle	va
on	va

9 立ち上がりなさい。4人組で行います。X番の人が **8** にならって、希望（願望）を述べます。
メンバーは、それを近未来で言い換えます。一巡したら座ります。

Transformez les phrases de l'Ex **8** au futur proche et encouragez votre partenaire comme dans l'exemple ci-dessous.

un, deux, trois と数えてから、
3人で元気付けましょう。

X　　　　：Je voudrais être médecin.　　　医者になりたい。

メンバー：Tu vas sûrement être médecin.　　きっと医者になれるよ。

X　　　　：Oh, merci.

 No.2

Taïga (T) と Pierre (P) が夏休みの相談をしています　Taïga et Pierre discutent de leurs vacances.

T : Alors, qu'est-ce qu'on va faire pendant les vacances ?

P : Pendant les vacances ! On va à la mer.

T : A la mer ! Il fait trop chaud[1] et
je n'aime[2] pas beaucoup ça.

P : Qu'est-ce que tu voudrais faire, Taïga ?

T : Je voudrais visiter Paris.
Tu connais des monuments à Paris?

P : Oui. Je connais le musée du Louvre, c'est fantastique !

T : Alors ! On va aller à la Tour Eiffel, à l'Arc de Triomphe et au musée du Louvre, d'accord ?

P : D'accord. C'est une très bonne idée. Allez, on y va !

1) Il fait trop chaud >
Il fait は天気を表す。「暑すぎる」

2) aime > aimer 「好き」
j'aime / tu aimes / il aime ...

INTERCULTUREL　　パリの名所　Paris

2人組で相談しながら（　）を埋めましょう。

　一生に一度はパリを訪れてみたいですよね。その前にだいたいの様子をつかんでおきましょう。見返しの地図を見てください。

　パリは（　　　）川の両岸に広がっています。中心にある小さな島が（　　　）島で、そこには有名な（　　　　）寺院があります。このあたりを1区として、パリは時計まわりのエスカルゴ状に20区に分割されています。

　シテ島の左上には（　　　　）美術館があります。そこから左上にシャンゼリゼ通りがまっすぐに伸びて（　　　　）門に行き着きます。そこから下に降りて、セーヌ川を渡ると（　　　　）塔がそびえています。シャイヨー宮殿からの眺めが最高です。

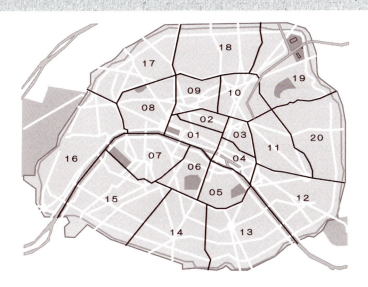

LECTURE DU DIALOGUE　　Option ▶ 英語で通訳してみよう。

❶音読練習：いっしょ読み ➡ ❷出張先生 ➡ ❸回し訳 ➡ ❹通訳練習 Interprétariat

作文 THÈMES

1. お名前は？　　　　　　―リタです。
   フランス人ですか？　　―フランス人と日本人の混血です。
   仕事は？　　　　　　　―小学校の先生 (institutrice) です。
   どこに住んでいますか？―ストラスブールです。
   何歳ですか？　　　　　―25歳です。
2. パリ見物をしたくないです。暑すぎます。
3. 夏休みは何するの？　　―実家に (à la maison) 帰ります。
4. 夏休みは何をしたい？　―パリに行って、エッフェル塔を見たいです。
5. ぼくの名前はタイガです。夏休みはピエールとパリ見物をする予定です。

LEÇON 5

Vous allez bien ?

学習目標
- ① vous を使ったインタビューができる   Interviewer avec le sujet vous
- ② 感動を表現できる   Expressions exclamatives
- ③ 国名や冠詞について説明できる   Les noms de pays et les articles
- ④ 強勢形人称代名詞を使える   Les pronoms toniques
- ⑤ 「国境なき医師団」を紹介できる   Médecins Sans Frontières

エッフェル塔の上で sur la Tour Eiffel

Taïga : Oh, qu'est-ce que c'est beau ! On voit[1] tout Paris.

Marie : C'est vrai. Comme c'est beau !

T : Marie, je te présente ma[2] mère.

M : Bonjour madame. Vous allez bien ?

Keiko : Très bien merci. Et vous ?

M : Bien merci. Vous vous appelez comment ?

K : Oh pardon. Je m'appelle Keiko.

M : Vous êtes…

K : Oui, je suis du Japon[3], du Kyushu[3] plus exactement. Vous connaissez[4] ?

M : Non, désolée[5], je ne connais pas le Japon… Euh, qu'est-ce que vous faites dans la vie ?

K : Je suis médecin. Je travaille pour Médecins Sans Frontières. Vous connaissez ?

M : Bien sûr.

1) voit > voir 見える
je vois / tu vois / il voit / elle voit / on voit …

2) ma : 英語の *my* にあたる。
mon (＋男性名詞)
ma (＋女性名詞)
mes (＋複数名詞) の3種類

3) du Japon, du Kyushu > du = de + le

4) Vous connaissez > connaître : 行ったことがある
je connais / tu connais / il connaît / elle connaît …

5) désolé(e) : 英語 *I'm sorry.*

丁寧な言い方 Le discours poli

① 次の項目を説明できるよう準備しなさい（X分）。
② X番の人が立ち上がってグループに説明します。

フランス語でも、丁寧な言い方（です・ます調）と「タメ口」があります。親しい間柄では主語に tu を用いますが、丁寧な言い方では主語に vous を用います。この場合、動詞が変化するので注意が必要です。

tu と vous を使った場合の活用の比較

① 17ページと26ページの活用表を参考にして、各自空欄を埋めます。
② 隣の人と相談しましょう（X分）。
③ 全員ができたら4人で確認します。

Complétez le tableau.

意味 / 主語	tu	vous
〜である	tu _____	vous êtes
持つ	tu _____	vous avez
住む	tu _____	vous habitez
働く	tu _____	vous travaillez
〜という名前である	tu _____	vous vous appelez
する・作る	tu _____	vous faites
行く	tu _____	vous allez

À quatre

1 ① 上の表を参考にして、各自空欄を埋めます。
② 隣の人と相談しましょう（X分）。
③ 全員ができたら4人で確認します。

Complétez le tableau. Transformez en langage poli.

1. 名前　　Tu t'appelles comment ?　　Vous _____ ?
2. 国籍　　Tu es japonais(e) ?　　Vous _____ ?
3. 職業　　Qu'est-ce que tu fais ?　　Qu'est-ce que vous _____ ?
4. 職業地　Tu travailles où ?　　Vous _____ ?
5. 居住地　Tu habites où ?　　Vous _____ ?
6. 年齢　　Tu as quel âge ?　　Vous _____ ?

Leçon 5　Vous allez bien ?

2 立ち上がります。「スターインタビュー」をします (cf. L4 **3**)。
① 架空のキャラクターを作りましょう（X 分）。
② X 番の人がスターです。メンバーは順番に X 番の人をインタビューします。インタビューが終わったら次の人がスターです。一巡したら座りなさい。
③ 指名されたグループがみんなの前で発表します。

  B : Vous vous appelez comment ?
  A : Je m'appelle Doraémon.
  B : Ah oui.
  C : Qu'est-ce que vous faites dans la vie ?
  A : Je suis un chat.
  C : C'est vrai ?

3 立ち上がります。「スターインタビュー」の報告をします。**2** のインタビューで覚えていることを順番に 1 つずつ報告していきます。ネタがなくなったら座りなさい。
Présentez le contenu de l'interview dans l'ordre effectué.

  A : Il s'appelle Doraémon.
  B : Shizuka habite à Paris.
  C : Sunéo est de Fukushima.
  D : Doraémon a 12 ans.

＜ ジェスチャーを使ってもオッケー！ ＞

4 全員立ち上がって移動します。他のグループのなるべく知らない人とペアになります。**1** を参考に、丁寧な言い方を使ってインタビューします。相手は Et vous ? を使って問い返します。3 人、インタビューしたら席に戻りなさい。

Faites deux lignes et mettez-vous face à face. Interrogez-vous deux par deux en utilisant un langage poli. Imitez le début de conversation ci-dessous.

A : Bonjour.	B : Bonjour.
A : Vous allez bien ?	B : Très bien. Et vous ?
A : Très bien merci.	B : Vous êtes française ?
A : Non, je suis suisse. Et vous ?	B : Moi, je suis japonais.
A : Vous habitez où ?	B : Moi, j'habite à Nakasu. Et vous ?
A : Moi, j'habite à Strasbourg.	B : …..

冠詞　Les articles

名詞の前には冠詞をつけます。冠詞には次の 3 種類があります。

- **不定冠詞** 不特定で数えられるもの
- **部分冠詞** 不特定な量
- **定冠詞**   特定のものを示す

① 次の項目を説明できるよう準備しなさい（X 分）。
② X 番の人が立ち上がってグループに説明します。

＜ 説明力を伸ばしましょう。 ＞

	不特定	特定
数えられるもの	un, une, des	le, la, les
数えられないもの	du, de la, de l'	

冠詞の用法

① **不定冠詞** Les articles indefinis

初めて話題になるもので、**数**を意識する場合に用います。

男性名詞単数には（　　　）をつけます。　**un** café　コーヒー一杯
女性名詞単数には（　　　）をつけます。　**une** tarte　タルト一個
複数名詞には（　　　）をつけます。　**des** frères　（何人かの）兄弟

② **部分冠詞** Les articles partitifs

初めて話題になるもので**量**を意識する場合に用います。

男性名詞単数には（　　　）をつけます。　**du** café　量としてのコーヒー
女性名詞単数には（　　　）をつけます。　**de la** tarte　量としてのタルト
母音で始まる単数名詞には（　　　）をつけます。　**de l'**omelette　量としてのオムレツ

③ **定冠詞** Les articles définis

すでに話題になっているものや、総称（そのもの全体）を表す時に用います。

男性名詞単数には（　　　）をつけます。　**le** café
女性名詞単数には（　　　）をつけます。　**la** tarte
母音で始まる単数名詞には（　　　）をつけます。　**l'**omelette
複数名詞には（　　　）をつけます。　**les** frères

① 各自空欄を埋めよう（X分）。
② 隣の人と相談しよう。
③ 全員ができたら4人で答え合わせしよう。
④ X番の人が出張して説明します。
　→出張先生

国名　Les pays

国の名前に定冠詞をつけます。国名には性別があります。

① 各自空欄を埋めよう（X分）。
② 隣の人と相談しよう。
③ 全員ができたら4人で答え合わせしよう。
④ X番の人が出張して説明します。
　→出張先生

5 空欄を埋めましょう。

Complétez le tableau.

国名	形容詞男性形	形容詞女性形
la France	français	française
le _____	_____	japonaise
la Corée	_____	coréenne
la _____	chinois	_____
les États-Unis	_____	américaine
l'_____	allemand	_____
la Russie	russe	_____
l'Asie	asiatique	_____
l'Europe	européen	_____
l'Afrique	_____	africaine

感嘆文　La phrase exclamative

Qu'est-ce que + 平叙文
Comme

文中の形容詞や副詞を強調します。

Comme c'est beau !
= Qu'est-ce que c'est beau !
なんて美しいんだろう。

Comme vous êtes en forme !
= Qu'est-ce que vous êtes en forme !
あなたはなんて元気なんだろう。

Palais de Chaillot vu de la Tour Eiffel

強勢形人称代名詞　Les pronoms toniques

主語になる人称代名詞はすでに勉強しました。強勢形は、その主語になる人称代名詞を強調する場合や、前置詞の後などに用います。

Moi, je suis professeur.

Et **vous**, qu'est-ce que **vous** faites ?

Lui, il est français. Et elle ?

Tu viens **avec moi** ?

主語	強勢形
je	moi
tu	toi
il (elle)	lui (elle)
vous	vous

INTERCULTUREL 「国境なき医師団」Médecins Sans Frontières

タイガの母親が働いている「国境なき医師団」（MSF）は1971年にフランスで設立された国際的民間援助団体です。医療援助を専門に活動しており、1999年にはノーベル平和賞を受賞しました。

À deux

① 2人でスマートフォン1台を共有します。2人で協力して「国境なき医師団」について調べなさい（X分）。
② 4人組の残りのペアと相互に調べたことを発表します（X分）。時間が余ったら全員で話し合いましょう。
③ 指名されたX番の人が4人グループで学び合ったことをクラスに発表します。

LECTURE DU DIALOGUE
Option ▶ 英語で通訳してみよう。

❶音読練習：いっしょ読み ➡ ❷出張先生 ➡ ❸回し訳 ➡ ❹通訳練習 Interprétariat

作文 THÈMES

1. すみませんが、お名前は？　―佐々木恵子と申します。
   どこに住んでいますか？　　―パリに住んでいます。
   日本人ですか？　　　　　　―はい。
   職業は何ですか？　　　　　―医者です。
   何歳ですか？　　　　　　　―わかりません。
2. エッフェル塔が見える。なんてきれいなんだろう。
3. 私の名前はマリーです。心理学の勉強をしています。日本に行ったことはありません。『国境なき医師団』で働きたいです。

Mont Saint-Michel

LEÇON 6

Vous aimez l'Afrique ?

学習目標
- ☐ ❶ 好みを言うことができる L'expression des goûts
- ☐ ❷ 誘うことができる Proposer de faire quelque chose
- ☐ ❸ 相手の友人をインタビューできる Interroger un ami
- ☐ ❹ 関係代名詞 qui を使える Le pronom relatif qui
- ☐ ❺ フランス人の関心について説明できる Les centres d'intérêt des Français

DIALOGUE つづき (suite)

Marie : Vous travaillez où en ce moment ?

Keiko : Je vais souvent en Afrique.
Il y a beaucoup de misère là-bas.

M : Est-ce que vous aimez l'Afrique ?

K : Oh oui, beaucoup.

M : Est-ce que vous aimez le Japon ?

K : Bien sûr.

M : Qu'est-ce que vous préférez, l'Afrique ou le Japon ?

K : Je préfère l'Afrique qui a besoin de moi.

M : Moi aussi, je voudrais travailler pour une O.N.G.[1)] !

K : On va travailler ensemble ?

M : Oh oui ! Pourquoi pas[2)] ?

1) O.N.G. = Organisation Non-Gouvernementale : 非政府組織 英語 NGO (Non-Governmental Organization)

2) pourquoi pas : *why not?* (英語)「いいね」

À quatre

1 4人組になります。例を参考にグループで互いの好みを日本語で話し合います。
En japonais, demandez à votre partenaire ce qu'il aime.

歌手、科目、飲み物、麺類、季節、乗り物、スポーツなどについて「〜は好き？」と尋ねます。パートナーは、「大好き」「少し好き」など、「好き」の程度も合わせて答えよう。

A：渥美清は好きですか？
B：大好きです。あなたは？
C：まあまあ。浜崎あゆみはどう？
D：あまり好きじゃない。あなたは？
A：少し好き。
B：基礎情報は好きですか？
C：あまり好きじゃない。あなたは？
D：まあまあ。味噌ラーメンはどう？

好みの聞き方、答え方 Demander et dire ce qu'on aime

Est-ce que tu aimes ... ?

... の部分は日本語でもオッケーです！

☆☆	Oui, (j'aime) beaucoup (....).	とても好き。
☆	Oui, (j'aime) un peu (....).	少し好き。
	Comme-ci, comme ça.	まあまあ。どっちともいえない。
☠	Non, (je n'aime) pas beaucoup (....).	あまり好きじゃない。
☠☠	Non, je n'aime pas (....).	好きじゃない。

en chaîne

2 2列になって向かい合います。上の表現を使って相手の好みを尋ねよう。
Même exercice que Ex **1** en chaîne.

A：Est-ce que tu aimes 美空ひばり ?   B：Oui, beaucoup. Et toi?
A：Moi, comme-ci, comme-ça.

B：Est-ce que tu aimes フランス語 ?   A：Non, pas beaucoup. Et toi ?
B：Moi, eh bien, j'aime beaucoup フランス語.

A：Est-ce que tu aimes 1人暮らし ?   B：Oui, beaucoup. Et toi ?
A：Moi, je ne sais pas (parce que j'habite avec mes parents).

Leçon 6 Vous aimez l'Afrique ? • 35

Vocabulaire

好みを言う場合は、そのもの全体（総称）が問題になっているので、必ず定冠詞（le, la, les, l'）を用います。

comme boisson	l'eau　le café　le thé　le coca-cola　le vin　le saké　la bière
comme garniture	les spaghettis　les macaronis　les nouilles　le riz　les épinards
comme saison	le printemps　l'été　l'automne　l'hiver
comme animaux	les chiens　les chats　les lapins　les lions　les éléphants　les cafards
comme musique	le jazz　la musique classique　la pop　le punk　le karaoké
comme moyen de transport	la voiture　la moto　le vélo　le train　l'avion　le bateau
comme sport	le basket　le foot　le tennis　le ski　le baseball　le bowling

3 立ち上がります。4人組になります。上の語彙を使ってメンバーの好みを尋ねましょう。X番の人がまず質問します。順番に答えます。答える時は、好みの程度を忘れずに言いましょう。一巡したら次の人が質問して、残りの人が順番に答えます。以下同様。終わったら座ります。

À quatre, interrogez votre voisin sur ses goûts comme dans l'exemple ci-dessous.

① A：Est-ce que tu aimes la voiture ?　② B：Est-ce que tu aimes Yuzu ?
　 B：La voiture? Oui, un peu. Et toi ?　　 C：Yuzu? Comme-ci, comme ça. Et toi ?
　 C：Moi, beaucoup. Et toi ?　　　　　　 D：Moi, je n'aime pas Yuzu. Et toi ?
　 D：Moi, je n'aime pas beaucoup.　　　　 A：Moi, j'aime beaucoup.
　　　　　　　　　　　　　　　　　　　　 C：Est-ce que tu aimes .....?

4 立ち上がります。4人組になります。ジャンルを絞ってメンバーの好みを尋ねましょう。X番の人がまず質問します。順番に答えます。答える時は、好みの程度を忘れずに言いましょう。一巡したら次の人が質問して、残りの人が順番に答えます。以下同様。終わったら座ります。

Utilisez le vocabulaire de la leçon et l'expression «comme + nom» comme dans l'exemple pour interroger votre voisin sur ses goûts.

① A：Qu'est-ce que tu aimes comme musique ?
　 B：Comme musique ? J'aime le pop. Et toi ?
　 C：Moi, j'aime le jazz. Et toi ?
　 D：Moi, j'aime beaucoup le J-pop.

② B：Qu'est-ce que tu aimes comme boisson ?
　 C：Comme boisson ? J'aime le thé vert. Et toi ?

5 立ち上がります。メンバーの好みで覚えていることを順番に1つずつ報告していきます。

Présentez les goûts d'une tierce personne à votre voisin.

A：Karin aime le pop.
B：Ah, oui. Etsuko n'aime pas l'hiver.
C：Oh, oui ....

＜ ネタがなくなったら座りなさい。

～の方が好き　Préférer

Qu'est-ce que vous préférez (Qu'est-ce que tu préfères), A ou B ?
Je préfère A.

6 ペアになります。☐ に適当な言葉を入れて会話しなさい。

Dialoguez sur le modèle ci-dessous en remplissant les blans par des mots de votre choix.

A : Est-ce que tu aimes le karaoké ?　B : Oui, beaucoup.
A : Est-ce que tu aimes le bowling ?　B : Oui, beaucoup.
A : Qu'est-ce que tu préfères, le karaoké ou le bowling ?
　　　　　　　　　　　　　　　　B : **Je préfère** le karaoké. Et toi ?
A : Eh bien, moi aussi.

誘い方　Proposer

On va + 原形動詞で、「〜しよう」と誘うことができます。

On va étudier le français ensemble ?　Oui, d'accord.
On va visiter l'Arc de triomphe ?　Oui, volontiers.
On va manger ensemble ?　Oui, pourquoi pas ?

7 ペアになります。On va + 原形動詞を使って、相手を誘いましょう。3分たったら、ペアで発表します。

Utilisez les expressions ci-dessus et proposez à votre partenaire de faire quelque chose.

パートナーの友人をインタビューする

17ページの活用表を参考にして、次の疑問文を
Il (Elle) を主語にして書き換えましょう。

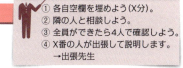

① 各自空欄を埋めよう（X分）。
② 隣の人と相談しよう。
③ 全員ができたら4人で確認しよう。
④ X番の人が出張して説明します。
　→出張先生

1. 名前　　Tu t'appelles comment ?　Il (Elle) ⎯⎯⎯⎯⎯⎯⎯⎯ ?
2. 国籍　　Tu es japonais(e) ?　Il (Elle) ⎯⎯⎯⎯⎯⎯⎯⎯ ?
3. 職業　　Qu'est-ce que tu fais ?　Qu'est-ce qu'il (elle) ⎯⎯⎯⎯⎯⎯ ?
4. 職業地　Tu travailles où ?　Il (Elle) ⎯⎯⎯⎯⎯⎯⎯⎯ ?
5. 居住地　Tu habites où ?　Il (Elle) ⎯⎯⎯⎯⎯⎯⎯⎯ ?
6. 年齢　　Tu as quel âge ?　Il (Elle) ⎯⎯⎯⎯⎯⎯⎯⎯ ?

8 ① 恋人のキャラクターを作ります（架空でもかまいません）。
② 全員立ち上がって移動します。他のグループのなるべく知らない人とペアになります。挨拶をしてから互いに恋人をインタビューします。3人の恋人をインタビューしたら席に戻りなさい。インタビューは次の言い方で始めましょう。

Interrogez votre partenaire sur son ou sa petit(e) ami(e).

A : Est-ce que tu as un petit ami / une petite amie ?　　B : Oui.
A : Il / Elle s'appelle comment ?　　B : Il s'appelle Katsuo.
A : Ah oui, Katsuo Isono ?

il y a beaucoup de　たくさんの〜がある、いる（英語 there is / are）

il y a ...　　複数名詞がきても変化しません。
beaucoup de（英語：a lot of）　de のあとの名詞に冠詞をつけません。

Il y a deux acteurs.　　俳優が二人います。
Il y a beaucoup d'acteurs.　　俳優がたくさんいます。
À Tokyo, **il y a beaucoup de** monde.　　東京には、人がたくさんいます。

関係代名詞 qui　Le pronom relatif qui　（英語 who / which）

qui は主格の関係代名詞です。先行詞は人でも物でもかまいません。

J'ai un ami **qui** habite à Dakar.　　ダカールに住んでいる友だちがいます。
J'ai une amie **qui** travaille à Tsutaya.　　ツタヤで働いている女友だちがいます。

> ① 次の項目を説明できるよう準備しなさい（X 分）。
> ② X番の人が立ち上がってグループに説明します。

avoir besoin de　〜が必要（英語 need）

avoir は主語に応じて活用します。

J'**ai besoin de** toi.　　私は君が必要だ。
Tu **as besoin de** moi ?　　私が必要？
Il **a besoin de** travail.　　彼は仕事が必要だ。

INTERCULTUREL

フランス人の関心
Les centres d'intérêt des Français

> ① 次の項目を教科書を伏せてメモだけ見て説明できるよう準備しなさい（X分）。
> ② 全員教科書を閉じます。X番の人が立ち上がってメモだけ見てグループに説明します。時間が余ったら話し合いなさい。

どんなにフランス語がうまくてもフランス人とうまく付き合えないということはあります。逆もまた真です。あるフランス人の青年が日本にやってきました。日本語はペラペラなのにパーティーに呼ばれるたびに腹をたてて帰ってくるのです。事情を聞くと「日本の人はちっとも自分とまじめに話してくれない」ということでした。どういうことかというと、その青年をはじめとするフランス人が政治、社会問題、国際政治について関心が非常に高いのに対し、日本人はそうした話題が苦手です。日本人とすればそういう「難しい」話題は避けたいという態度をついとってしまいますから、その青年はいつも腹をたてていたというわけです。文化的に関心の異なる人間どうしのコミュニケーションは簡単ではありません。

マリーもケイコも、かつては奴隷貿易、続いて植民地化、現在はエイズと貧困に苦しむアフリカに大きな関心を寄せています。

みなさんは、政治、社会問題、国際政治についてフランス人とやりとりできますか？

LECTURE DU DIALOGUE   Option ▶ 英語で通訳してみよう。

❶音読練習：いっしょ読み ➡ ❷出張先生 ➡ ❸回し訳 ➡ ❹通訳練習 Interprétariat

作文 THÈMES

1. フランスにはたくさんのアフリカ人がいますか？
   ―はい、アラブ人 (Arabes) もたくさんいます。
2. 冷蔵庫の中には (dans le frigo) たくさんの水がありますか？
   ―いいえ、あまりありません。
3. どちらにお住まいですか？　―日本 (au Japon) です。
   フランスは好きですか？　―はい、大好きです。
   日本は好きですか？　―はい、大好きです。
   日本とフランスでは、どちらが好きですか？　―わかりません。
4. 私にはイチローという恋人がいます。長野に住んでいます。彼はバイクが大好きですが、私は車のほうが好きです。私は春が大好きですが、彼は冬のほうが好きです。
5. ぼくの名前はタイガです。よく日本に行きます。九州が大好きです。北海道にも行きたいです。

LEÇON 7

Allô !

学習目標
- ❶ 電話がかけられる　Au téléphone
- ❷ アポイントをとれる　Donner et prendre rendez-vous
- ❸ 縮約形を使える　Les contractions des articles définis
- ❹ 指示形容詞を使える　L'adjectif demonstratif
- ❺ 感情を表現できる　Exprimer un sentiment
- ❻ ルームシェアリング　La co-location

タイガ (T) がマリー (M) に電話します　Taïga téléphone à Marie

X : Allô, bonjour.

T : Allô. Je voudrais parler à Marie, s'il vous plaît. Je m'appelle Taïga.

X : Oui, ne quittez pas.

　　.........

M : Taïga? Ça va?

T : Bien. Et toi ?

M : Bien, merci.

T : Dis[1], tu es libre, ce week-end ?

M : Non, désolée. Je vais à la mer avec mes co-loc(ataires).

T : Ah, c'est dommage ! Et dans quinze jours ?

M : Oui, dans quinze jours[2], je suis libre. Pourquoi ?

T : Je rentre[3] à Strasbourg voir ma famille. Tu viens avec moi ?

M : Super. On va prendre le T.G.V.[4] ?

T : Oui. Alors rendez-vous à la Gare de l'Est dans quinze jours. D'accord ?

M : D'accord. Mais à quelle heure?

T : On verra[5] ça plus tard.

1) Dis > dire（言う）の活用形「ねえ」

2) dans quinze jours : 二週間後
（直訳「15 日後」）

3) rentre > rentrer + 原形動詞「〜しに帰る」

4) T.G.V. > Train à Grande Vitesse :
日本の新幹線にあたる高速鉄道

5) verra > voir（見る）の未来形 :
On verra ça plus tard. それは後で考えよう。

電話での表現　Les expressions du téléphone

Allô.　　　　　　　　　　　　　　Un instant.

Je voudrais parler à ...　　　　　Ne quittez pas.

venir 来る　（英語 *come*）

je	**viens**	il	**vient**
tu	**viens**	vous	**venez**...

アポイントの取り方

1 全員立ち上がって移動します。他のグループのなるべく知らない人とペアになります。例にならって友達とアポイントをとりなさい。下線部を入れ替えます。3人と会話したら席に戻りなさい。

Faites deux lignes, utilisez l'exemple ci-dessous et donnez rendez-vous à votre partenaire.

A : Tu es libre à midi ?　　　　　　B : Non, désolé(e), je suis occupé(e).
A : Ah, c'est dommage. Et ce soir ?　B : Ce soir, je suis libre. Pourquoi ?
A : On va manger ensemble ?　　　　B : D'accord. Mais où ?
A : Au <u>レストラン名</u>.　　　　　　B : Très bien. Alors rendez-vous ce soir
　　　　　　　　　　　　　　　　　　　　au <u>レストラン名</u> !

2 4人組で行います。2人が上の会話を演じます。テキストは見ません。残りの2人が両脇に立ってプロンプターをします。X分たったら、指名されたグループが発表します。

縮約形（縮めた言い方）Les contractions des articles définis

前置詞の à や de のあとに定冠詞の le や les が来ると、特別な形（縮約形）をとります（la が来る場合はそのまま **à la**, **de la**）。

言わない	→	縮約形
~~à le~~	→	**au**
~~à les~~	→	**aux**
~~de le~~	→	**du**
~~de les~~	→	**des**

3 立ち上がります。4人組になります。日本語で行います。Aが「～から…まで」と適当な地名を入れます。BはAの「…から出発してどこかまで」行ってください。同様に順番に回していきます

En japonais et à quatre. Dites d'où vous partez et où vous arrivez. Votre partenaire reprend votre lieu d'arrivée comme lieu de départ et ainsi de suite. Utilisez des noms de lieux qui ne nécessitent pas d'articles.

「長崎から神戸まで」
→「神戸から函館まで」
→「函館から Paris まで」
→「Paris から Bordeaux まで」
→「Bordeaux から Strasbourg まで」…　＜フランス地図も利用しよう。＞

4 立ち上がります。4人組になります。**3**をフランス語でやってみましょう。「～から…まで行く」はフランス語で Je vais de ～ à ... です。

Même exercice que l'Ex **3** mais en français. Attention à ne pas utiliser les noms de pays.

A : Je vais de Nagasaki à Kobe.
B : Je vais de Kobe à Hakodate.
C : Je vais de Hakodate à New York.
D : Je vais de New York à ....

5 4人組になります。Je vais de ～ à ... を使って次の場所に移動しましょう。X分たったら指名されたグループが発表します。

Même exercice que précédemment mais avec des noms de lieux avec articles.

l'université → la gare → le parc → l'hôtel
→ le supermarché → la piscine → la bibliothèque　＜縮約形に注意。＞

à ＋国名（～では、～には、～に）　La préposition à devant les noms de pays

国名には定冠詞（le / la / les）がつくことはすでに学びました。
この場合も縮約形を用いるので注意しましょう。

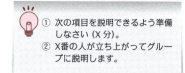

Je vais ~~à le~~ Japon.　　　Je vais **au** Japon.
Je vais ~~à les~~ Etats-Unis.　Je vais **aux** Etats-Unis.

フランスは la France ですが、「フランスに行く」では à la France の代わりに en France が用いられます。

Je vais **en** (~~à la~~) France.

指示形容詞（この、その、あの） Les adjectifs démonstratifs

「この…」、「その…」、「あの…」は、下の表にある言葉（指示形容詞）を使います。
後に来る名詞の性と数によって使い分けます。

	単数	複数
男性名詞	ce /（母音またはhの前では）cet	ces
女性名詞	cette	

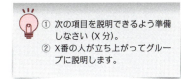

① 次の項目を説明できるよう準備しなさい（X 分）。
② X番の人が立ち上がってグループに説明します。

6 ① 各自、次の単語に正しい指示形容詞をつけます（X 分）。
② X番の人から1人1問ずつ順番に回答しなさい。答えが適切な場合、残りのメンバーは Très bien. と言います。適切でない場合は話し合いなさい。わからなかったら助け合いましょう。
③ X番の人は出張準備をします（出張先生）。

Complétez avec les adjectifs démonstratifs.

....	adresse	....	week-end
....	université	....	parc
....	semaine	....	arbre
....	restaurants	....	fleurs
....	gare	....	homme
....	vacances	....	étudiant
....	hôtel	....	étudiante

感情表現 Exprimer un sentiment

c'est（英語 it is）のあとに形容詞などをつけてさまざまな感情や感想を表現できます。

C'est super.　　　すばらしい。

7 次の感情表現の意味を調べましょう。

Cherchez la signification des adjectifs ci-dessous.

☆☆☆	☆☆	☆	☠	☠☠
magnifique	cool	bien	bizarre	triste
super	sympa	bon	dur	trop
extra	pas mal	intéressant	compliqué	nul
fantastique		gentil		
génial				

8 立ち上がります。4人組になります。X番の人から始めます。最近自分の身の周りに起こった面白いこと、楽しいこと、すごいこと、変なこと、悲しいこと、ひどいことなどを日本語で簡単に話しなさい。メンバーは順番に上の表現を使って反応します。

Parlez de vos expériences; drôles, intéressantes, bizarres; tristes etc... à votre voisin qui réagit en utilisant les adjectifs ci-dessus.

> 架空の出来事でもオッケー！

① A：このごろバイトばかりであまり寝てないんだ。
　 B：Oh, c'est dur.
　 C：C'est triste.
　 D：Moi aussi.

② B：恋人ができたんだ。
　 C：Oh, c'est génial.
　 D：....
　 A：....

① 次の項目を説明できるよう準備しなさい（X分）。
② X番の人が立ち上がってグループに説明します。

INTERCULTUREL　ルームシェアリング　La co-location

　フランスのアパート、マンションには部屋数の多いものがあります。そうした所を若者が何人かで借り受け、共同生活を営むことがあります。マリーも数人とルームシェアリングしています。気づきましたか？
　空き部屋が出ると全員で相談し、新たなルームメイト（co-locataire）を決定します。
　日本ではどうですか？

LECTURE DU DIALOGUE　　Option ▶ 英語で通訳してみよう。

❶ 音読練習：いっしょ読み ➡ ❷ 出張先生 ➡ ❸ 回し訳 ➡ ❹ 通訳練習 Interprétariat

作文 THÈMES

1. （電話で）はい。　　　—もしもし、Pierreをお願いします。私はイツコです。
　　はい、少々お待ちください。
2. 今度の週末空いてる？　—ごめん。友だちと（avec des amis）と九州に（au Kyushu）行くんだ。
　　それは残念。
3. 今度の週末家に帰るのだけど。一緒に来ない？　—やったね。高速鉄道に乗るの。
　　そう。じゃあ駅で会おう。　　　　　　　　　　—何時に？
　　後で考えよう。
4. 日本からフランスに行くんだ。　　　　　　　　—そりゃ、たいへんだねー。
5. 今度の週末は空いてません。友だちと海に行きます。でも、2週間後に、私はタイガとストラスブールに行きます。私たちは電車に乗ります。でも、何時かわかりません。

LEÇON 8

Voici ma semaine.

学習目標
- ① 電子メールを送れる　　　　　Les messages électroniques
- ② 別れの表現を使える　　　　　Les expressions d'adieu
- ③ 一日の出来事を言える　　　　L'emploi du temps d'une journée
- ④ 時刻、曜日、月、気候を言える　Les horaires, les jours et les mois. Le climat
- ⑤ フランス地方味めぐり　　　　Les spécialités régionales

マリーがタイガにメールします　Marie envoie un mail à Taïga.

De : Marie mariepierce@banadoo.fr
À : Taïga Taïgahuf@mahoo.fr
Objet : ma semaine
Date : vendredi 9 octobre 2015 18:20

Cher Taïga,

Bonsoir. Tu vas bien ? Pas trop fatigué ?
Je te présente un peu ma vie.
D'habitude, je me lève à 6 heures, parce que j'aime bien me lever tôt[1].
Et puis je prends[2] mon petit déjeuner tranquillement et je pars pour[3] l'université.
J'ai cours de 9 heures à midi.
À midi, je mange au restaurant de l'université avec des amis.
L'après-midi, quand[4] je n'ai pas de cours, j'étudie à la bibliothèque.
Le mardi et le jeudi, je fais du lacrosse.
Le soir, je vais souvent voir des amis, mais deux fois par semaine, je travaille dans un hôtel.
D'habitude, je me couche à 22 heures.
Le samedi matin, je vais dans un hôpital pour faire du bénévolat. Comme je fais de[5] la psychologie, je sais écouter avec attention. Ça soulage les patients.
Bon week-end.
Je t'embrasse[6],
Marie

1) j'aime bien me lever tôt >
   aimer + 原形動詞：〜するのが好き

2) prends > prendre 取る
   je prends / tu prends / il prend ...

3) je pars pour > partir pour：〜へでかける。
   je pars / tu pars / il part ...

4) quand + S + V : quand
   (接続詞)「〜するとき」

5) de：否定文では、直接目的語についている不定冠詞（部分冠詞）は de になる。
   cf. J'ai un cours.
   →否定文
   Je n'ai pas de cours.

6) je t'embrasse：手紙の終わりで使う慣用句。
   「じゃあね」（＝ 私はあなたを抱擁する）

45

代名動詞 (1) Les verbes pronominaux

① 次の項目を説明できるよう準備しなさい (X 分)。
② X 番の人が立ち上がってグループに説明します。

説明力をつけましょう。

je **m'**appelle
tu **t'**appelles
il **s'**appelle

太字の部分は主語に応じて変化していますね。appelle(s) という動詞の原形は appeler で「呼ぶ」という意味です。太字の部分 (再帰代名詞) はそれぞれ「自分を」という意味です。つまり、「自分が自分を～と呼ぶ」＝「自分の名前は～」という考え方です。このように、目的語に主語と同一の代名詞をとる動詞を代名動詞といいます。

se lever 起きる
je me lève
tu te lèves
il se lève....

se coucher 寝る
je me couche
tu te couches
il se couche....

主語	再帰代名詞
je	me (m')
tu	te (t')
il	se (s')

部分冠詞 (du / de la / de l') Les articles partitifs (L5「冠詞の用法」p.31 参照)

faire ＋ 部分冠詞 ＋ 活動 ～の活動をする

勉強する
faire de la psychologie
faire du droit
faire de l'économie
faire du commerce
faire du social
faire de la médecine

スポーツする
faire du tennis
faire du base-ball
faire du lacrosse
faire du bowling

楽器を演奏する
faire du piano
faire de la guitare

その他
faire du bénévolat

ça (これ、それ、あれ)

① 次の項目を説明できるよう準備しなさい (X 分)。
② X 番の人が立ち上がってグループに説明します。

教科書をなるべく見ないで説明しましょう。

ça は指示代名詞で、「これ、それ、あれ」を表します。
名詞の性別や単数・複数に関係なく使えます。
買い物をするときなど、指差しながら、

　Je prends **ça**.　それください。

などと言えばいいわけです。また、漠然とした状況も指します。

　Ça va.

時刻 L'heure

① ペアでメチャクチャ読み　　　Lire à deux sans craindre les fautes
② 先生の後についてリピート　　Répéter après le professeur
③ 先生と偶数、奇数の交互読み　Lire à tour de rôle avec le professeur (nombres paires et impaires)
④ ペアで交互読み　　　　　　　Lire à deux chacun son tour
⑤ 4人で時計回りに数える　　　Compter à quatre

「くっつき発音」に注意しよう。

1h une heure	7h sept heures	13h treize heures	19h _____
2h deux heures	8h huit heures	14h _____	20h _____
3h trois heures	9h neuf heures	15h _____	21h _____
4h quatre heures	10h dix heures	16h _____	22h _____
5h cinq heures	11h onze heures	17h _____	23h _____
6h six heures	12h midi	18h _____	00 minuit

1 ペアになります。1時から12時までを交互に発音しなさい。その後、1人がある時刻を選び、もう1人がそれを当てます。はずれたら non、当たったら oui と答えます。終わったら役割を交換します。再開する度に、1時から12時までを交互に発音します。

Prononcez à tour de rôle les heures de 1 à 12. Questionnez votre partenaire afin de trouver l'heure qu'il a choisie.

A：7 heures ?　　　　　B：Non, plus tôt.　もっと早い。
A：3 heures ?　　　　　B：Non, plus tard.　もっと遅い。
A：5 heures ?　　　　　B：Oui, très bien.
A：Merci beaucoup.

2 立ち上がります。4人組になります。1時から24時までを順番に発音しなさい。その後、X番の人がある時刻を選びます。残りのメンバーが順番にそれを当てます。はずれたら non 当たったら oui と答えます。当たったら次の人が出題者になります。以下同様。出題者が一巡したら座りなさい。

Même exercice avec le vocabulaire (〜 heures et demie).

〜 heures et demie
(一時半) も使いましょう。

3 ペアになります。48ページの予定表を参考に、例にならってインタビューしなさい。どれでも好きなアクションをとりあげます。

Interrogez votre partenaire en utilisant les expressions ci-dessous.

A：Je me lève à 7 heures. Et toi ?　　　B：Moi, je me lève à 8 heures.
A：J'arrive à la faculté à 10 heures. Et toi ?　B：Ah oui, moi aussi.

Leçon 8　Voici ma semaine.

6h	Je me lève à **6 heures**.
6h30	Je prends mon petit déjeuner à **6 heures et demie**.
7h	Je pars pour la faculté à **7 heures**.
8h	J'arrive à la faculté à **8 heures**.
8h30	Je contrôle mes mails à **8 heures et demie**.
9h-10h30	**De 9 heures à 10 heures et demie**, j'ai cours de français.
midi	**A midi**, je mange avec des amis.
15h	Je fais du lacrosse à **15 heures**.
17h	Je vais voir des amis à **17 heures**.
19h	Je travaille dans un hôtel à **19 heures**.
22h	Je me couche à **22 heures**.

4 立ち上がります。4人組になります。上の予定表を参考にして、相手がある時刻に何をしているか尋ねなさい。A→B→C→Dと回します。X番の人が出題者です。出題者が一巡したら座りましょう。

Même exercice que l'Ex **3** à quatre.

A : D'habitude, qu'est-ce que tu fais à 8 heures ?
B : À 8 heures ? J'arrive à la faculté. Et toi ?
C : Moi, je prends mon petit déjeuner. Et toi ?
D : Moi, je dors.
B : D'habitude, qu'est-ce que tu fais à 10 heures ?
C : À 10 heures ? Je me lève. Et toi ?
D : Moi, je ne fais rien.

aller 行く （英語 go）

je	**vais**
tu	**vas**
il/elle/on	**va**

曜日 Les jours de la semaine

Lundi, je vais à Paris.
Mardi, tu vas à la pharmacie.
Mercredi, il va à l'hôpital.
Jeudi, elle va chez le médecin.
Vendredi, on va chez Marie.
Samedi, **dimanche**, on va voyager.

* 規則的に「毎週」という意味では、定冠詞をつけます。

le mardi 毎週火曜日に

5 4人組になって、ペアを2つ作ります。
① ペアで分担して意味を調べた後、48ページの「曜日」の文章を素材として日本語で物語を作りなさい (X 分)。例:「月曜日にパリに行ったら風邪を引きました。火曜日に…」
② ペア相互で、互いに発表します。
③ 指名された人がペアの物語を発表します。
A Deux. Faites une histoire en utilisant les phrases ci-dessus. Présentez l'un à l'autre.

6 立ち上がります。4人組になります。
① 分担して下の表の意味を調べなさい。
② X 番の人から始めます。下の表の各列から一語ずつ選んで文を作り、音読しなさい。他の人はその文を繰り返します。使った語句は消します。順番に文を作り、終わったら座ります。
À quatre et à tour de rôle ; utilisez le vocabulaire ci-dessous pour faire des phrases. Rayez à chaque fois le vocabulaire utilisé et continuez.

曜日	主語	場所	時刻
Lundi,	je	vas au cinéma	à 10 heures
Mardi,	Louise	va à l'université	à 13 h 30
Mercredi,	il	vais au restaurant	à 18 h
Jeudi,	on	va habiter à Tokyo	à 21 h 30
Vendredi,	elle	va à la mer	à 17 h 15
Samedi,	Pierre	va chez Marie	à 22 h 12
Dimanche,	tu	va à Lyon	à 8 h 20

意味をよく考えて語句を組み合わせましょう。

昨日 (hier)、今日 (aujourd'hui)、明日 (demain)

7 ペアになります。下線部を入れ替えて練習しましょう。
Entraînez-vous à répéter les jours de la semaine comme dans l'exemple ci-dessous.

A : Aujourd'hui, c'est <u>mardi</u>. Et hier ?　　B : C'est <u>lundi</u>.
A : Et demain ?　　B : C'est <u>mercredi</u>.

別れの言葉　Les mots d'adieu

「さようなら」は « Au revoir. » ですが、それといっしょに、またはその代わりに用いられる表現があります。ペアになって「めちゃくちゃ読み」しましょう。

A demain.	また、あした。	Bonne soirée.	よい夜の時間を。
A la semaine prochaine.	また、来週。	Bonne nuit.	おやすみなさい。
A mardi prochain.	今度の火曜日ね。	Bon voyage.	よいご旅行を。
Bon week-end.	よい週末を。	Bon anniversaire.	お誕生日おめでとう。
Bonne journée.	よい一日を。	Bonnes vacances.	よいバカンスを。
Bon après-midi.	よい午後を。	Joyeux Noël.	クリスマスおめでとう。

8 全員立ち上がって移動します。他のグループのなるべく知らない人とペアになります。「別れの言葉」の表現を使って挨拶をしなさい。挨拶が終わったらじゃんけんしなさい。3回勝ったら席に戻ります。

① A : Salut !　　　　　　　　B : Salut.
　A : À demain !　　　　　　B : À demain.

② A : Bonsoir !　　　　　　　B : Bonsoir.
　A : Bonne nuit !　　　　　　B : Bonne nuit.

③ A : Bonjour !　　　　　　　B : Bonjour.
　A : Bonne journée !　　　　B : Bonne journée

月名　Les mois de l'année

① 英語を書き入れます。
② ペアで答え合わせをします。
③ フランス語をペアで「めちゃくちゃ読み」します。

	英語	フランス語		英語	フランス語
1月		janvier	7月		juillet
2月		février	8月		août
3月		mars	9月		septembre
4月		avril	10月		octobre
5月		mai	11月		novembre
6月		juin	12月		décembre

今日の天気を言う　Le temps d'aujourd'hui

Aujoud'hui, | il fait beau.
　　　　　　 | il fait mauvais.
　　　　　　 | il pleut.
　　　　　　 | il neige.
　　　　　　 | il fait chaud.
　　　　　　 | il fait froid.

9 ペアになります。1人が月の名前を、もう1人がその月の気候を言います。
　Associez une expression de climat à chaque mois de l'année. Suivez l'exemple ci-dessous.

　A : En décembre ?　　　B : En décembre ? Il fait froid.

> グループプレゼン力をつけよう。

INTERCULTUREL　フランス地方味めぐり

　フランスの各地方には郷土料理や名産品があります。たとえば、ロレーヌ地方のキッシュやノルマンディー地方のカマンベールチーズなどです。各地方にはどのような郷土料理や名産品があるかを調べましょう。

4人組で行います。
① 準備：次回の授業で行うグループプレゼンの準備をします。プレゼンのアウトラインと分担を決めます。スマートフォンなどを活用しましょう（10分）。
② プレゼンテーション：リハーサル（10分）の後、教室の左半分のグループが右半分のグループのプレゼンテーションを聞きます。終わったら逆をします。
③ 指名されたグループがクラス全体にプレゼンテーションします。
　準備と発表にあたってはメンバー全員が平等に参加するように留意します。発表の最後に、各自の担当（貢献）を説明します。

LECTURE DU DIALOGUE　　Option ▶ 英語で通訳してみよう。

綴じ込みページを開いて練習！

❶音読練習：いっしょ読み ➡ ❷出張先生 ➡ ❸回し訳 ➡ ❹通訳練習 Interprétariat

作文 THÈMES

1. ふだん私は7時に起きて、7時半に朝食をとります。
2. 君は何時に大学へ行きますか？ ―8時に行きます。でも、水曜日は授業がありません。
   授業がない時、何をしますか？ ―よくラクロスをします。
3. バイトしてますか？ ―はい、毎週火曜日の夜、ホテルで働いています。
4. 君の誕生日は？　　―Y年M月D日です。
5. 親愛なる Karin。こんにちは。疲れてない？私の生活を少し紹介します。

自由作文 THÈMES LIBRES

次の文に続けて、あなたの日課をタイガに紹介しましょう。

Cher Taïga, je te présente un peu ma vie.

LEÇON 9

À la Gare de l'Est.

学習目標
- ① 動詞の活用ができる — Savoir conjuguer
- ② il faut を使える — Il faut + infinitif
- ③ 代名動詞を使える — Les verbes pronominaux
- ④ 未来形の活用を説明できる — Les verbes au futur
- ⑤ 移民と異文化間教育について説明できる — Immigration et éducation

DIALOGUE

パリ東駅にて à la Gare de l' Est　　T : Taïga　M : Marie

T : Nous allons prendre[1] le train de 11 heures et quart.

M : D'accord. Il faut combien de temps pour aller[2] à Strasbourg ?

T : Il faut 2 heures et demie.

M : Oh, on achète[3] des sandwichs ?

T : Bonne idée, Marie. On aura[4] sûrement faim.

M : Il faut aussi composter le billet avant de[5] monter dans le train.

T : Oh, Marie. Tu penses à tout.

1) Nous allons prendre > aller + 原形動詞 : 近未来 (英語 be going to do)

2) pour aller > pour + 原形動詞 : 〜するために

3) on achète > acheter (買う) : j'achète / tu achètes / il achète…

4) aura > avoir の未来形
avoir faim : お腹がすく
j'aurai / tu auras / il aura …

5) avant de + 原形動詞 : 〜する前に

列車の中で dans le train   T : Taïga   C : Contrôleur   M : Marie

T : Voilà le contrôleur.
C : Votre billet, s'il vous plaît.
T : Voilà.
C : Merci, monsieur.

6) tes : ton（＋男性名詞）/ ta（＋女性名詞）/ tes（＋複数名詞）（英語 *your*）
タイガの祖父母がどの辺に住んでいるか、スマホの地図で確認しよう。

  ……………………

M : Tes[6] grands-parents habitent près de la gare de Strasbourg ?
T : Oui et non. Ils habitent dans la vieille[7] ville, pas très loin de la gare. Et pas très loin de la cathédrale qui fait 142 mètres de haut[8].
M : Ils ne travaillent plus[9] ?
T : Non. Mais ils font du bénévolat. Ils vont le lundi et le mercredi dans une association qui aide des étrangers sans papiers[10].
Il y a des Africains, des Magrébins, des Asiatiques, des Latino-Américains, des Russes, des Ukrainiens, etc.
M : Oh, oui. Il y a beaucoup de nationalités. Je me rappelle[11] que ta grand-mère est africaine.
T : Oui, elle est du Congo. Avec mon grand-père qui est français, ils se respectent et s'entendent très bien.
M : Oh, c'est magnifique, parce que le mariage international est toujours difficile. Au fait, ta grande sœur Rita, qu'est-ce qu'elle fait[12] ?
T : Tu sais ? Rita en[13] japonais, ça veut dire « travailler pour les autres ».
M : C'est vrai? Comme c'est beau !
T : Elle est institutrice. Elle travaille dans une école très difficile. Il y a beaucoup d'enfants d'immigrés et de réfugiés là-bas.

7) vieille: vieux（英語 =*old*）の女性形

8) qui fait 142 mètres de haut:
 faire 高さなどがある de haut 高さが

9) Ils ne travaillent plus > ne …. plus もう〜しない

10) des étrangers sans papiers > papiers 身分証明書を持っていない外国人滞在者など

11) je me rappelle > se rappeler que s+v 〜を思い出す

12) au fait ところで

13) en は言語を表す。
 en français フランス語で
 en anglais 英語で

Leçon 9 À la Gare de l'Est.

動詞の活用

動詞が主語に応じて変化（活用）することは、すでに学びました。ここでは、「私たちは (nous)」と「彼らは (ils)」について見てみましょう。

それらを足した完全な活用表は、1人称、2人称、3人称の単数、複数の6項目を含みます。
英語と比較しましょう。

日本語	英語	フランス語
私は	………………	je
あなたは	………………	tu
彼は（彼女は）	………………	il (elle)
私たちは	………………	nous
あなたたちは	………………	vous
彼らは（彼女たちは）	………………	ils (elles)

第1グループの動詞の活用　La conjugaison de verbes du premier groupe

フランス語の動詞の90%以上は第1グループに属します。
第1グループの動詞は辞書形（原形）の語尾が **er** で終わります。
er 動詞は規則的に活用します。

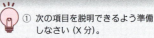

① 次の項目を説明できるよう準備しなさい（X分）。
② X番の人が立ち上がってグループに説明します。

第1グループの辞書形＝語幹 +er

語幹とは変化しない部分で、たとえば travailler なら、＿＿＿＿＿が語幹です。
語幹は変化せず、語尾が次のように変化（活用）します。

主語	語尾
je	**-e**
tu	**-es**
il (elle)	**-e**
nous	**-ons**
vous	**-ez**
ils (elles)	**-ent***

* ent の発音は語尾の子音字である nt は発音しないので e だけ残ります。単数形の発音と同じように聞こえます。

1 次の動詞の活用を書きましょう（er の前までが語幹です）。語尾に色を塗りましょう。
Conjuguez les verbes ci-dessous.

chanter（歌う）
danser（踊る）
donner（与える）
fumer（たばこを吸う）
téléphoner（電話する）

第2グループの動詞の活用　La conjugaison des verbes du deuxième groupe

第2グループとは辞書形（原形）の語尾が ir で終わるものです。ir 動詞は、er 動詞に続いて2番目に多い規則動詞で、約 300 語あります。

第2グループの辞書形＝語幹＋ir

finir（終わる）が代表例ですが、語幹は＿＿＿＿＿＿です。
次のように活用します。語幹に色を塗りましょう。

主語	finir	choisir
je	fin**is**	
tu	fin**is**	
il (elle)	fin**it**	
nous	fin**issons**	
vous	fin**issez**	
ils (elles)	fin**issent**	

 2 choisir（選ぶ）の活用を上の表に書いてみよう。
Choisir se conjugue de la même façon. Complétez la partie droite du tableau.

不規則動詞の活用　La conjugaison des verbes du troisième groupe

上記2つのグループにあてはまらない動詞は être や avoir のように不規則な活用をします。数は少ないですが、よく使われる動詞です。それなりの規則性はあるので少しずつ覚えましょう。

主語　原形（英語）	être (= be)	avoir (= have)	aller (= go)	faire (= do, make)
je	je suis	j'ai	je vais	je fais
tu	tu es	tu as	tu vas	tu fais
il (elle)	il est	il a	il va	il fait
nous	nous sommes	nous avons	nous allons	nous faisons
vous	vous êtes	vous avez	vous allez	vous faites
ils (elles)	ils sont	ils ont	ils vont	ils font

 3 ペアになります。クレーンゲームをしましょう。1人が上の表の活用を1つ選びます。もう1人がそれを推理します。次の表現を使って道案内をしなさい。たとえばAさんが«il a»を選んだとしたら、次の例のようなやりとりになります。
Essayez de trouver le verbe conjugué du tableau choisi par votre partenaire en suivant ses indications comme dans l'exemple.

B :«tu as»?　　A : Désolé(e). Plus bas.
B :«il va»?　　A : Non, à gauche.

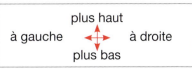

4 立ち上がります。**3**のゲームを4人組で行います。1人が活用を選び、残りの人が順番に推理します。選んだ人は道案内をします。出題者が一巡したら座りなさい。
Recommencez l'exercice à quatre. Trois personnes en interrogent une.

動詞の未来形

動詞の未来形は、語幹に次のような活用語尾を付けます。

主語	語尾	主語	語尾
je	**-rai**	nous	**-rons**
tu	**-ras**	vous	**-rez**
il (elle)	**-ra**	ils (elles)	**-ront**

il faut

il は非人称といって形式的な主語です。

1) 時間

Il faut combien de temps ?
どのくらいの時間がかかりますか？

Il faut une heure et demie.
一時間半必要です。

2) il faut + 原形動詞　～しなければならない

Il faut composter le billet.
切符を記録機でパンチしなければならない。

代名動詞（2）Les verbes pronominaux

代名動詞には「お互いに」という用法があります。

Ils **se respectent** et **s'entendent** très bien.
彼らはお互いに尊敬し合い、よく理解し合っています。

INTERCULTUREL

移民 (immigration) と 異文化間教育 (éducation interculturelle)

> ① 次の項目を教科書を伏せてメモだけ見て説明できるよう準備しなさい(X分)。
> ② 全員教科書を閉じます。X番の人が立ち上がってメモだけ見てグループに説明します。時間が余ったら話し合いなさい。

　日本社会にも海外からの移住者（immigrés）が増加しています。フランスは近隣のヨーロッパ諸国やアフリカの旧植民地からたくさんの移民を伝統的に受け入れてきました。しかし大陸は「陸続き」ですから、不法移民の流れを押しとどめることは困難です。EU成立後も域外からの人の流れは止まりません。

　タイガの祖父母がボランティアをしている支援組織では、さまざまな理由で滞在許可証をとることができず、結果として困窮している人々を援助しています。滞在許可証が取得できるよう支援しているのです。

　これとは別に、正規の移民労働者の定住化に伴って、その子どもたち (enfants d'immigrés) の教育をどうするかという問題も持ち上がっています。正規の難民の子どもたち (enfants de réfugiés) の教育をどうするかも同じ問題です。リタの働く小学校にもこうした子どもたちがたくさんいるのです。

　現在、日本の小学校でも同じような状況が生まれつつあります。マジョリティーがマイノリティーに自文化を押し付けるのではなく、互いの文化を尊重し合うような異文化間教育が必要ですね。

LECTURE DU DIALOGUE　　Option ▶ 英語で通訳してみよう。

❶音読練習：いっしょ読み ➡ ❷出張先生 ➡ ❸回し訳 ➡ ❹通訳練習 Interprétariat

作文 THÈMES

1. パリまでどのくらい時間がかかりますか？　―2時間15分かかります。
2. 飲み物 (à boire) を買おうか。
3. おなかすいた？　　　　　　　　―うん。
4. サンドイッチも買おうか？　　　　―いい考え。
5. 彼らは駅の近くに住んでいますか？　―いいえ、彼らは駅から離れたところに住んでいます。
6. 大学にはたくさんの日本人がいます。―フランス人もたくさんいますか？
7. ぼくの名前はタイガです。マリーといっしょに、10時30分の電車に乗って、ストラスブールに行くつもりです。2時間半かかります。フランスでは電車に乗る前に切符をパンチしなければなりません。

LEÇON 10 Elle est comment ?

学習目標
- ❶ 人と物を描写できる　　Décrire des personnes et des choses
- ❷ 所有格、形容詞、比較級を使える　Les adjectifs possessifs et le comparatif
- ❸ ヨーロッパ議会を紹介できる　Le Parlement européen

DIALOGUE

列車の中で　dans le train　　T : Taïga　M : Marie

T : Rita viendra[1] nous[2] chercher[3] à la gare de Strasbourg.

M : Ah, comme c'est gentil ! Au fait, elle est comment ?

T : Euh... Elle est plutôt grande... et plutôt mince. Elle est brune comme notre mère. Et elle a les yeux bleus comme notre père.

M : Plutôt grande et mince aux cheveux[4] bruns et aux yeux[5] bleus. Je la[6] vois à peu près.

T : Ses cheveux sont frisés comme notre grand-mère africaine.

M : Est-ce que Rita habite avec vos grands-parents ?

T : Non, elle a son petit studio dans le quartier du Parlement européen[7].

M : C'est intéressant. Je voudrais le[8] voir. Il est comment ?

T : Tiens, j'ai une photo.

M : Oh, super ! Le studio est dans un grenier ?

T : Oui, il est au 6e étage[9].

M : Ah, il y a une petite fenêtre. Elle est mignonne. Près de la fenêtre, on voit un lit, une table et une chaise. Et près de la porte, on voit une armoire, et des chaussures[10] !

---

1) viendra > venir の未来形
je viendrai/tu viendras/il viendra

2) nous : 人称代名詞目的格：私たちを

3) venir nous chercher > venir + 原形動詞
〜しに来る（私たちを迎えにくる）

4) aux cheveux > à + les cheveux 〜色の髪をした

5) aux yeux > à + les yeux 〜色の目をした

6) 人称代名詞目的格：la　彼女を

7) スマホの地図で場所を確認しよう。

8) 人称代名詞目的格：le　それを

9) au 6e étage > à + le sixième étage 6階に（フランスの6階は日本の7階にあたる）

10) p. 68のイラストを参考にしよう。

所有格　Les adjectifs possessifs

英語で「私の」と言いたいときは「my」と言えばよかったですね。
フランス語では「私の〜」の「〜」にあたる名詞の性と数によって言い方を変えます。

男性名詞には（　　　）をつけます。　　**mon** café

女性名詞には（　　　）をつけます。　　**ma** tarte

複数名詞には（　　　）をつけます。　　**mes** parents

ただし、単語が母音（または h）で始まる場合は、女性名詞でも ma, ta, sa の代わりに（　　　）、
（　　　）、（　　　）を用います。

ton université　（← ~~ta université~~）
son amie　　　（← ~~sa amie~~）

	単数		複数
	男性	女性	男性 / 女性
私の	mon	ma	mes
君の	ton	ta	tes
彼の、彼女の、それの	son	sa	ses
私たちの	notre		nos
あなたたちの	votre		vos
彼らの、彼女たちの、それらの	leur		leurs

1 隣の人と相談しながら、所有格と名詞を正しく結びなさい。全員ができたら4人で確認します。
X 番の人がグループの答えをクラスに発表します。

Reliez les adjectifs possessifs aux différents noms.

　　　　　　　　　　· père
　　　　　　　　　　· sœur
　　　　　　　　　　· parents
　　mon　·　　　　· livre
　　　　　　　　　　· photo
　　ma　·　　　　· mère
　　　　　　　　　　· cheveux
　　mes　·　　　　· frère
　　　　　　　　　　· yeux
　　　　　　　　　　· fenêtre

Leçon 10　Elle est comment ?　・59

2 ペアになります。**1**の表の右側の名詞を君の～ (ton, ta, tes) と彼の～ (son, sa, ses) に続けて交互に言いましょう。

Entraînez-vous oralement en associant (ton, ta, tes) et (son, sa, ses) au vocabulaire de l'exercice précédent.

① A : ton père　　　B : ta sœur　　　A : tes parents　　　B : .....
② A : son père　　　B : sa sœur　　　A : ses parents　　　B : .....

3 ① 各自正しい所有格を書き入れなさい (X 分)。
② X 番の人から 1 人 1 問ずつ順番に回答しなさい。答えが適切な場合、残りのメンバーは Très bien. と言います。適切でない場合は話し合いなさい。わからなかったら助け合いましょう。
③ X 番の人は出張準備をします (出張先生)。

Complétez le tableau à l'aide des adjectifs possessifs.

1. _____ fenêtre (私の)　　　　6. _____ cheveux (彼女の)
2. _____ table (君の)　　　　　7. _____ yeux (私の)
3. _____ lampes (私たちの)　　8. _____ studio (あなたたちの)
4. _____ armoire (彼の)　　　　9. _____ amie (君の)
5. _____ chaises (彼らの)　　10. _____ parlement (私たちの)

序数　Les nombres cardinaux

「～番目」を表すには序数を用います。序数は、**数＋ième** で作ります。
ただし、1 番目は **premier (première)** です。

次の表に書き入れましょう。

| 1er _____ | 2e deuxième | 3e _____ | 4e _____ | 5e _____ |
| 6e _____ | 7e _____ | 8e huitième | 9e _____ | 10e _____ |

形容詞　Le genre et nombre des adjectifs

フランス語の形容詞は形容する名詞の数 (単数・複数) と性 (男性名詞・女性名詞) によって形が変わります。

	男性	女性
単数	petit	petite
複数	petits	petites

Il est **petit**.
Elle est **petite**.
Ils sont **petits**.
Elles sont **petites**.

4 4 人組で行います。X 番の人から順番に日本語で自分の母親または父親または理想の恋人の外見や性格などを紹介しましょう。

Faites le portrait physique et psychologique de votre mère en japonais.

5 立ち上がります。4人組になります。スターインタビューをします。次の形容詞を使って、X番の人が母親（父親または理想あるいは現実の恋人など）について順番にインタビューします（あらかじめ誰についてのインタビューかを決めておきます）。なお、質問の対象が男性か女性かに注意しなさい。すべての人がインタビューを受けたら座りなさい。

Utilisez les adjectifs ci-dessous et interrogez votre partenaire sur sa mère, son père, ses ami(e)s ou petit(e) ami(e).

BのÉ父親についてAから質問するとします

 A : Beau ?　　　　B : Oui, très.
 C : Petit?　　　　B : Non, pas très.
 D : Gentil ?　　　 B : Mmm, comme-ci, comme ça.

grand / grande（背が高い）
petit / petite（背が低い）
gros / grosse（太め型）
mince（痩せた）
beau / belle（美男子、美人）
jeune（若い）
vieux / vieille（年寄り）
gai / gaie（陽気）
gentil / gentille（やさしい）
sportif / sportive（スポーツ好き）
sociable（つきあいがいい）
romantique（ロマンチック）
têtu / têtue（頑固）
timide（シャイ）

程度の5段階

☆☆☆	très	とても
☆☆	un peu	すこし
	comme-ci comme-ça	どちらでもない
☠☠	pas très	あまり〜でない
☠☠☠	pas du tout	まったく〜でない

比較 Le comparatif

英語と同様にフランス語にも優等比較（AはBより〜）、同等比較（AはB同様〜）、劣等比較（AはBほど〜ではない）があります。英語の *than* にあたる言葉はフランス語では（　　　）です。

6 4人組になります。

① 各自、**5**の形容詞を使って自由に比較の文を作ります（X分）。

② X番の人から順番に発表します。次の人は例にならって反応しましょう。

A → B → C → D と進みます。

Faites des phrases exprimant la comparaison avec les adjectifs de l'exercice précédent. Réagissez aux phrases de vos partenaires comme dans l'exemple.

　　A : Je suis plus …… que mon père.

　　B : Ah, oui.

　　B : Mon (ma) …… est plus ….. que moi.

　　C : Ah, bon.

　　C : Je suis plus …… que ma …….

　　D : C'est vrai?

7 ① 全員立ち上がって移動します。他のグループのなるべく知らない人とペアになります。

② 互いに相手の作った文をメモしなさい。

③ グループに戻ってX番の人からメモした文を発表しなさい。

8 ① 各自、次の色の中から好きな色を3つ選びなさい。

② ペアになります。それぞれ好きな色をフランス語で伝えます。パートナーはそれをメモします。

③ 指名された人が結果をクラスに発表します。

Posez-vous mutuellement des questions pour connaître les couleurs qu'aime votre patenaire.

les couleurs	le blanc	le rouge	le rose	le noir	le jaune
	le bleu	le vert	l'orange	le violet	

　　自分の好きな色を言う場合： J'aime le bleu, le rose et le vert.

　　紹介する場合： Pierre aime le bleu, le rose et le vert.

9 次の恋人募集の広告を解読しましょう。

① 各グループの1番の人が集まって❶を解読します。各グループの2番の人が集まって❷を解読します。各グループの3番の人が集まって❸を、各グループの4番の人が集まって❹を解読します。

② X分たったら自分のグループに戻ります。1番の人から順番に広告の内容をメンバーに説明しなさい。

Réécrivez comme dans l'exemple les petites annonces de rencontre.

Je m'appelle Marie. J'ai 30 ans. Je suis sportive, brune et grande. J'aime la montagne. Je cherche un homme de 35 à 45 ans, qui aime le sport et les promenades.

❶ **Marie**, 30 ans, sportive, brune, grande, aime montagne, cherche H. 35-40 qui aime sport et promenades.

❷ **Jean**, 45 ans, aime voyages et vélo, Ch.F. 40-45, blonde ou châtain, gaie et parlant anglais pour voyager ensemble.

❸ **Claire**, 20 ans, petite et mince, aime cinéma et théâtre, cherche J.H. calme et intelligent pour sortir le soir.

❹ **Eric**, 60 ans, ne travaille pas, riche, ch J.F. brune, cheveux longs, aime manger, pour aller restaurant.

INTERCULTUREL

欧州議会 Parlement européen

リタの住んでいる地区にはヨーロッパ連合の機関がいくつかあります。なかでも異彩をはなつのが欧州議会の巨大なガラス張りの建物です。円筒形で、一方だけ高くなっていて、ローマのコロッセウムに似ています。将来、新規加盟国のスペースを増設するために、設計されているそうです。EUは発展途上なのですね。

欧州議会もまた進化しつつあります。かつては象徴的な存在でしたが、ベルギーのブラッセルにある欧州委員会（行政）や閣僚理事会（立法）に対抗する力をもつようになりました。議員が直接選挙で選出されるので、5億人のEU市民の利益を代表する存在です。

① 次の項目を教科書を伏せてメモだけ見て説明できるよう準備しなさい（X分）。
② 全員教科書を閉じます。X番の人が立ち上がってメモだけ見てグループに説明します。時間が余ったら話し合いなさい。

LECTURE DU DIALOGUE   Option ▶ 英語で通訳してみよう。

❶音読練習：いっしょ読み ➡ ❷出張先生 ➡ ❸回し訳 ➡ ❹通訳練習 Interprétariat

作文 THÈMES

1. 彼女はどんな感じですか？
   —そうですね。彼女はどちらかというと小さくて、やせています。でも、とても親切です。
2. 君の部屋（studio）はどんな感じ？
   —窓の近くにベッドとテーブルがあります。ドアの近くには戸棚があります。
3. ぼくの名前はタイガです。姉は6階に住んでいます。ワンルームです。小さな窓があります。窓のそばには、ベッドとテーブルがあります。

自由作文 THÈMES LIBRES

1. 自分の家族を描写しましょう。

   Je vous présente mon (ma) ... Il (Elle) est ....

2. 68ページのイラストを参考に、あなたの部屋を紹介しましょう。

   Je vous présente ma chambre (mon studio). Elle (Il) est ....

LEÇON 11
Voici la photo de ma famille.

学習目標
- ❶ 家族の写真（イラスト）を紹介できる　Présenter sa famille
- ❷ 所有格の使い方をマスターする　Les adjectifs possessifs
- ❸ 位置を説明できる　S'orienter dans l'espace
- ❹ PACS法について説明できる　Le PACS

タイガが家族を紹介します　Taïga présente sa famille

Bonjour tout le monde.
Mon nom est Taïga Sasaki Hufty. Voici la photo de ma famille. Le monsieur à gauche qui porte[1] un chapeau, c'est mon grand-père Robert. Il est à côté de ma grand-mère Martine qui vient d'Afrique[2]. Leur fils Pierre Hufty, c'est mon père. Il travaille à l'UNESCO[3] pour aider les enfants. Ma mère qui est à côté de lui s'appelle Keiko Sasaki. Elle est médecin. Elle travaille pour une O.N.G.. Ses parents, Shozo et Tamako, habitent au Japon, dans le Kyushu plus exactement. Ils ne sont pas sur la photo.
J'ai une sœur, Rita. Vous la[4] connaissez déjà. Elle est devant ma mère. Elle aime bien son oncle, Ken Sasaki qui est à gauche d'elle. Il est écologiste et divorcé. Ses deux filles, Sakura et Clara, sont devant lui. Ce sont mes cousines.
Mon oncle, Paul Hufty, est au milieu de la photo. Il n'a pas d'enfants[5].
Il habite avec son copain.
La dame à gauche de Paul, qui est très élégante, c'est ma tante, Patricia. Elle est P.D.G. d'une boîte de mode.
Voilà.

1) porte > porter 身に着けている
2) vient de ... > venir de ... …出身
3) UNESCO 国連教育科学文化機関（パリに本部がある）
4) la 彼女を
5) Il n'a pas d'enfants < Il a des enfants. の否定文。直接目的語につく不定冠詞は否定文では de。この場合エリジオンで d' になっています。

1 ペアになります。2人で手分けして家系図に記載された単語の意味を調べなさい。線でつないで家系図を作ります。終わったら4人で確認をします。指名された人がクラスで発表をします。

Cherchez le vocabulaire de la famille.

mon grand-père   ma grand-mère   mon grand-père   ma grand-mère

mon oncle   ma tante   mon père   ma mère   mon oncle

moi   ma sœur

2 立ち上がります。4人組になります。X番の人が例にならって質問を始めます。残りの人が順番に答えます。上の家系図を参考にしましょう。終わったら次の人が質問をします。質問者が一巡したら座ります。

Demandez à votre partenaire comment s'appellent les membres de sa famille.

A : Ta mère, comment elle s'appelle ?
B : Elle s'appelle Itsuko. Et ta mère ?
C : Elle s'appelle Yoshiko. Et ta mère ?
D : Elle s'appelle Tamaki.

B : Ton grand-père maternel, comment il s'appelle ?
C : Il s'appelle Yoshizo. Et ton grand-père ?
D : Il s'appelle Toshi. Et ton grand-père ?
A : Il s'appelle …

C : Ton père, il s'appelle comment ?
D : Il s'appelle … .

3 ① ペアになります。対話文を読んで空欄に名前を書き入れ、Taïga の家系図を完成させなさい（X分）。
② 終わったら4人で確認します。

Lisez le dialogue et complétez l'arbre généalogique de Taïga.

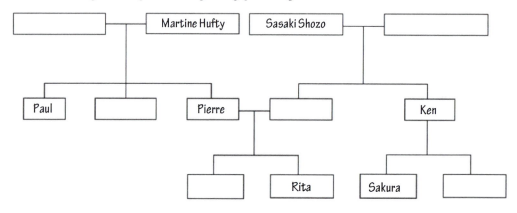

Qui (だれ)

Qui est Paul ?　　　　　C'est mon oncle.

Qui sont Sakura et Clara ?　　Ce sont mes cousines.

4 ① ペアになります。対話文を読んで Taïga の立場で下の表を完成させます（X 分）。
② 4 人で答えを確認します。
③ X 番の人が出張して説明します（出張先生）。

Lisez le dialogue et répondez aux question ci-dessous.

Qui est Keiko Sasaki ?　　..

Qui est Ken ?　　..

Qui sont Shozo et Tamako ?　　..

Qui sont Ken et Paul ?　　..

Qui est Sakura ?　　..

5 ペアになります。1 人が Taïga を演じます。もう 1 人が Taïga の家族について答えが non になるような質問をしてください。

Posez des questions exigeant des réponses négatives à votre partenaire jouant le rôle de Taïga.

A : Keiko, c'est ta sœur ?　　B : Non, c'est ma mère.

場所を表す言葉（前置詞）Les indicateurs de lieu

devant	〜の前に	derrière	〜の後ろに
sur	〜の上に	sous	〜の下に
entre A et B	A と B の間に	à côté de	〜の隣に
à droite de	〜の右に	à gauche de	〜の左に
en face de	〜の向かいに	dans	〜の中に
loin de	〜の遠くに	près de	〜の近くに

6 ① 各自、対話文のイラストを参考に、日本語はフランス語に、フランス語は日本語にしなさい。
② X 番の人から 1 人 1 問ずつ順番に回答しなさい。答えが適切ならば、残りのメンバーは Très bien と言います。適切でない場合は話し合いなさい。わからなかったら助け合いましょう。X 番の人は発表準備をします。

Regardez l'illustration et traduisez le français en japonais et vice versa.

参照：
複数形の強勢形

Robert est à gauche d'elle.　　..

....　　Ken は Paul と Rita の間にいます。

....　　Ken は彼らの後ろにいます。

Patricia est devant moi.

Clara et Sakura sont loin de nous.　　..

主語	強勢形
nous	nous
vous	vous
ils	eux
elles	elles

7 4人組になります。対話文のイラストを見て、1人が例にならって質問します。分かったら手を上げて、早いもの順に答えます。当たったら1ポイントで、ポイントを競います。出題者を順番に回しなさい。X分間続けます。

L'un interroge les autres sur l'illustration du dialogue.

一番早く手を挙げた人を指します。

① A : Qui est à gauche de Martine ?
　B : Robert.
　A : Très bien.

② A : Qui est derrière Patricia ?
　B : Robert et Martine.
　A : Très bien.

8 部屋のイラストを見て、先生の言う場所を指で指しましょう。

Regardez l'illustration ci-dessous. Indexez l'endroit désigné par le professeur.

9 立ち上がります。4人組になります。部屋のイラストを見て、X番の人が小人か透明人間になってどこかに隠れましょう。何かの中に隠れてもいいです。メンバーが順番に当てていきます。当たったら次の人が隠れます。出題者が一巡したら座ります。

Vous êtes un nain. Où allez-vous cacher dans le dessin ? Votre partenaire essaie de vous trouver en vous posant des questions. Plus tard, vous serez l'homme invisible.

A : Je suis où ?
A : Non, pas là.
A : Non, pas du tout.
A : Pas très loin.
A : Je suis près de la télévision.
A : Oui, très bien.

B : Tu es derrière la table ?
C : Alors, tu es dans le verre ?
D : Tu es sous le lit ?
B : Tu es près de quoi ?
C : Alors tu es entre la télévision et le lit ?
C : Merci.

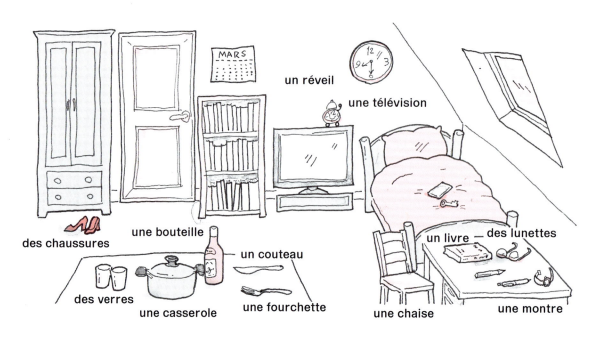

 **INTERCULTUREL** PACS 法 (Pacte civil de solidarité)

> ① 次の項目を教科書を伏せてメモだけ見て説明できるよう準備しなさい（X 分）。
> ② 全員教科書を閉じます。X 番の人が立ち上がってメモだけ見てグループに説明します。時間が余ったら話し合いなさい。

　タイガのおじさんのポールが同性愛者だということに気づきましたか？

　フランスでは、1999 年、"共同生活を営む異性または同性のカップルを法的に認める PACS 法（連帯市民契約）が批准されました。同棲している異性愛のカップルのみならず、同性愛のカップルも社会的に認知したことになります。画期的ですね。

　この法律により、相続税や贈与税といった社会保障の権利が、結婚しているカップルと同等に認められることになりました。国民の大半がカトリックであるフランス国内で反対がなかったわけではありませんが、「自由・平等・博愛」の精神が勝ったのでしょう。

　ただ、同性同志の結婚や養子縁組は、法律で認められませんでしたが、2013 年に承認され、これで異性婚も同性婚も平等になったわけです。

　みなさんは「同棲婚」や同性婚を認めたほうがいいと思いますか？

LECTURE DU DIALOGUE　　Option▶ 英語で通訳してみよう。

❶音読練習：いっしょ読み ➡ ❷出張先生 ➡ ❸回し訳 ➡ ❹通訳練習 Interprétariat

作文 THÈMES

1. 帽子をかぶって、右にいる男性が私の父です。
2. 左にいる女性がおばの Yoko です。42 歳です。彼女は写真家です。彼女はフランス人と結婚していて、子供が二人います。Jean と Istuko です。Jean は学生です。緑の目をしています。Itsuko は看護師です。黒い髪をしています。独身ですが、恋人がいます。

自由作文 THÈMES LIBRES

理想の家族のイラストを描き、フランス語で紹介する文を作りましょう。
グループでイラストを見ながら、説明しましょう。

Leçon 11　Voici la photo de ma famille.

Bon appétit.

学習目標
- ☐ ❶ レストランで注文できる　　Commander dans un restaurant
- ☐ ❷ フランス料理について説明できる　La cuisine française
- ☐ ❸ 注文の表現の使い方　　Des expresssions pour commander
- ☐ ❹ 目的格の使い方　　Les pronoms complements COD et COI

Marie (M) と Taïga (T) が食堂車で食事をしています　　T : Taïga　M : Marie　S : Serveur
Marie et Taïga mangent dans un wagon-restaurant.

S : Oui, je vous écoute.

M : Comme entrée, je prendrais une salade niçoise et comme plat principal, j'aimerais du poisson.

S : Qu'est-ce que vous prenez comme boisson ?

M : Qu'est-ce que vous avez comme eau plate ?

S : Vittel, Evian, Volvic...

M : Donnez-moi une Evian, je vous prie.

S : Bien, mademoiselle.

....

T : Tu veux un café?

M : Oui, volontiers.

タイガがウェイターを呼びます
Taïga appelle le serveur.

T : S'il vous plaît !
S : Oui, monsieur. Vous désirez?
T : Nous voudrions deux cafés, s'il vous plaît. Et en même temps, apportez-nous l'addition.
S : Entendu, monsieur.
M : Comment dit-on « bon appétit » en japonais ?
T : On dit[1] « Itadakimasu », mais c'est pas[2] complètement pareil.
M : Comment ça[3] ?
T : Parce qu'en France, le serveur du restaurant peut nous dire « Bon appétit », mais pas au Japon.
M : Je comprends[4] pas.
T : Parce qu' Itadakimasu, c'est une façon de[5] dire merci au Ciel. Alors on le[6] dit avant de manger. Si le serveur te dit Itadakimasu, ça veut dire qu'il va piquer ton repas.
M : Ah bon.

1) dit > dire（言う）の活用形
je dis / tu dis / il dit ...
dire ～ à ...（…に～という）
「…に」は間接目的語

2) c'est pas = ce n'est pas :
会話文では、否定形の ne がしばしば省略されます。

3) Comment ça ? どうして？

4) comprends > comprendre :
je comprends/tu comprends/il comprend ...

5) une façon de 原形動詞
ひとつの～の仕方

6) le「それを」前文の内容を表します。

可能の表現 pouvoir （英語 can ～できる）

可能を表す助動詞です。**原形動詞**をとります。

je peux	vous pouvez
tu peux	nous pouvons
il peut	ils peuvent

Le serveur **peut** nous dire ....
ウェイターは私たちに…と言うことができます。

願望の表現 vouloir （英語 want ～したい）

願望を表す助動詞です。**原形動詞**をとります。

je veux	nous voulons
tu veux	vous voulez
il veut	ils veulent

je voudrais は、vouloir の婉曲表現（条件法）です。

Qu'est-ce que ça **veut** dire ?　　それはどういう意味ですか？
Ça **veut** dire ...　　それは…という意味です。
Je **voudrais** aller en France.　　フランスに行きたいなあ。
Tu **veux** un café ?　　コーヒー飲む？

注文の表現

1) 条件法　Le conditionnel

注文すなわち丁寧な依頼をする場合、条件法という言い方がよく使われます。

je	-rais	nous	-rions
tu	-rais	vous	-riez
il	-rait	ils	-raient

Comme entrée, je **prendrais** (**voudrais** / **aimerais**) une salade.
オードブルにはサラダが欲しい。

2) 命令文　L'impératif

注文には命令文も用いられます。命令文は英語と同じように、（　　　　）を省略すれば作ることができます。丁寧な命令には vous に対応する活用、タメ口では tu に対応する活用を用います。レストランその他での注文には（　　　　）に対応する活用を用います。

Donnez-moi une Evian, je vous prie.　（私に）エビアン（水）をください。

Apportez-nous l'addition, s'il vous plaît.　（私たちに）伝票をお願いします。

je vous prie や s'il vous plaît は英語の please にあたる表現で、よくいっしょに使われます。

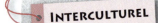　フランス料理について
La cuisine française

① 次の項目を教科書を伏せてメモだけ見て説明できるよう準備しなさい（X 分）。
② 全員教科書を閉じます。X 番の人が立ち上がってメモだけ見てグループに説明します。時間が余ったら話し合いなさい。

和食の場合、どの順番で何を食べるかはおおむね自由ですが、フランス料理には順序があります。特にレストランで注文する場合には、だいたい次の表のような項目にそって選択することになります。
定食（plat du jour）の場合も、同じような枠組みでの選択です。
なお、料理の数の場合には、数詞をつけます。

Deux salades de tomates, s'il vous plaît.

不特定の数の場合は、des をつけます。不特定の量の場合、部分冠詞（du / de la / de l'）をつけます。

Je voudrais des frites / du poisson / de la bière / de l'eau.

料理選択の順番	代表的な料理
❶ comme entrée	une salade de tomates, de la charcuterie, des escargots
❷ comme boisson	de l'eau, du vin rouge (blanc, rosé), de la bière
❸ comme plat principal	de la viande : un steak, un rôti de porc, un steak haché
	du poisson :　de la sole meunière, du homard thermidor
❹ comme garniture	des frites, des haricots, des pâtes, des épinards, du riz, de la purée
❺ comme fromage	du camembert, du chèvre
❻ comme dessert	de la tarte aux pommes, des fruits, de la glace, du gâteau au chocolat
❼ comme infusion	un café, un thé, une tisane

1 ペアになります。対話文を参考に、レストランでの会話を考えましょう。まず、A がウェイターになります。B が注文したら、A は注文を復唱します。
Construisez à deux un dialogue entre un client et un serveur de restaurant.

A : Oui, je vous écoute.
B : Comme entrée, je voudrais de la charcuterie.
A : Oui, de la charcuterie.
B : Comme boisson, je voudrais du vin rouge.
A : Oui, d'accord, du vin rouge.

目的格（補語人称代名詞） Le complément d'objet

目的格には、**直接目的語**（～を）と**間接目的語**（～に）があります。
目的格の代名詞は動詞の直前に置きます。 ＜ 語順の違いに驚きましょう。

直接目的語：動詞と目的語が直接くっつく。

　　Je regarde **Pierre**.　＜ Pierre を le（彼を）に置き換えて、動詞の直前に置く。
　　Je **le** regarde.

間接目的語：動詞と目的語が前置詞（à）をはさんで間接的にくっつく。

　　Je téléphone **à Pierre**.　＜ à Pierre を lui（彼に）に置き換えて、動詞の前に置く。
　　Je **lui** téléphone.

再帰代名詞は主語と目的語が同じ場合に使います。目的格と比べると、3 人称単数と複数で形が変わります。再帰代名詞を使う場合は、**代名動詞**になることはすでに学びました。

～は（主語）	～を（直接目的語）	～に（間接目的語）	再帰代名詞
je	me (m')	me (m')	me (m')
tu	te (t')	te (t')	te (t')
il (elle)	le (la) (l')	lui	se (s')
nous	nous	nous	nous
vous	vous	vous	vous
ils (elles)	les	leur	se (s')

2 ペアになります。例を参考に「〜が〜を見る」という文を作りましょう。出来たら4人で答え合わせをします。

Qui regarde qui ? complétez les tableaux suivant les indications.

主語＼目的語	je	tu	Bertrand	Keiko	nous	vous	Bertrand et Keiko
je	1		2			3	4
tu		5		6	7		
Bertrand	8		9		10	11	
Keiko		12		13		14	
nous		15	16		17		18
vous			19	20		21	
Bernard et Keiko	22	23			24		25

1. Je me regarde
2. Je le regarde.
3.
4.
5.
6.
7.
8.
9.
10.
11.
12.
13.
14.
15. Nous te regardons.
16.
17.
18.
19.
20.
21.
22.
23.
24.
25.

3 ペアになります。**2** を参考に「〜が…にフランス語で話す」という文を作りましょう。parler à ... という用法ですから、目的語は間接目的語を使います。出来たら4人で答え合わせをします。
Réutilisez les indications de **2** et complétez le tableau ci-dessous avec le verbe parler.

1. Je me parle en français
2. Je lui parle en français.
3. ___
4. ___
5. ___
6. ___
7. ___
8. ___
9. ___
10. ___
11. ___
12. ___
13. ___
14. ___
15. Nous te parlons en français.
16. ___
17. ___
18. ___
19. ___
20. ___
21. ___
22. ___
23. ___
24. ___
25. ___

LECTURE DU DIALOGUE Option ▶ 英語で通訳してみよう。

❶音読練習：いっしょ読み ➡ ❷出張先生 ➡ ❸回し訳 ➡ ❹通訳練習 Interprétariat

作文 THÈMES

1. はい、何にいたしましょうか？
   —アントレ（前菜）にはトマトサラダ、メインにはフライドポテト付きステーキをお願いします。
2. 飲み物は何にしますか？
   —Volvic をお願いします。
3. Merci は日本語で何と言いますか？
   —「ありがとう」と言います。
4. 私の名前はマリーです。肉は好きではありません。だから (alors) レストランではよく (souvent) 魚を食べます。飲み物は非発泡性のミネラルウォーター (de l'eau plate) を飲みます。

LEÇON 13

Ça a été ?

学習目標
- ❶ 過去について話す　　　　　　　　　　Le discours au passé
- ❷ 複合過去を使える　　　　　　　　　　Le passé composé
- ❸ 半過去形を説明できる　　　　　　　　L'imparfait
- ❹ 体の状態が言える　　　　　　　　　　Avoir mal à + (Les parties du corps humain)
- ❺ フランスの祝祭日について説明できる　Evènements et fêtes en France

タイガ (T) が母親のけいこ (K) とパリのレストランで食事しています
Taïga discute avec sa mère dans un restaurant à Paris.

K : Taïga, ça a été[1], le voyage à Strasbourg ?

T : Oui, extra ! On a vu[2] grand-père, grand-mère et Rita.

K : Ils vont bien ?

T : Oui. Mais Rita a eu[3] un petit accident de vélo. Elle a voulu[4] éviter un chien et elle est tombée[5]. Elle avait un peu mal au genou, mais ce n'était pas[6] très grave. Heureusement il y avait[7] un médecin.

K : Tant mieux. Et le chien ?

T : Il est parti[8] à toute vitesse.

....

K : Avec Marie, qu'est-ce que vous allez faire à Noël ?

T : On n'a pas de projets pour le moment. Et vous ?

K : Avec ton père, on compte aller[9] au Japon pour le nouvel an. On va voir tes grands-parents. Et en revenant[10] en France, on va voir ton oncle Paul en Californie.

T : Oh, maman, bon voyage ! Vous allez faire le tour du monde !

1) ça a été : どうだった？
  été は être の過去分詞
2) vu > voir (見る) の過去分詞
3) eu mal > avoir mal (痛い) の過去分詞
4) voulu > vouloir (望む) の過去分詞
5) tombé > tomber (転ぶ) の過去分詞
6) ce n'était pas > ce n'est pas の半過去形
7) il y avait > il y a の半過去形 (〜がいた)
8) parti > partir (出発する) の過去分詞
9) On compte aller > compter + 原形動詞 : 〜するつもりだ
10) en revenant > revenir (帰る) のジェロンディフ (en + 現在分詞) : 〜する時に

複合過去形　Le passé composé

① 次の項目を説明できるよう準備しなさい（X分）。
② X番の人が立ち上がってグループに説明します。

過去のことを表現するには複合過去形を用います。
助動詞と過去分詞が複合しているので、複合過去と呼びます。

複合過去形 ＝ 助動詞 ＋ 過去分詞

助動詞　Les auxiliaires être et avoir

大部分の動詞は avoir を助動詞とします。ただし、aller（行く）、venir（来る）、partir（出発する）、arriver（到着する）、tomber（転ぶ）などの移動を表す動詞は être を助動詞とします。

過去分詞　Le participe passé des verbes.

フランス語の大部分の動詞の語尾は er であることは、すでに学びました。このグループの過去分詞の語尾は é です。

tomber ＞ tomb**é**

代表的な不規則動詞の過去分詞を覚えましょう。

être ＜ **été**　　　　avoir ＜ **eu**　　　vouloir ＜ **voulu**
rendre ＜ **pris**　　voir ＜ **vu**　　　partir ＜ **parti**

助動詞が être の場合、過去分詞は主語の性と数に一致します．

Elle est **tombée**.

Nous sommes **allé(e)s**.

1 4人組になります。être 動詞、avoir 動詞の活用を1人1つずつ順番に言いましょう。
Entraînez-vous à deux à répéter les conjugaisons des verbes avoir et être.

2 2人組になります。対話文で使われている複合過去形を見つけましょう。4人組で確認します。
Relevez les verbes au passé composé dans le dialogue.

〜に行った　être allé

Je suis allé(e) à ...

3 2人組になります。「〜に行ったんだ」「ああ、そう」という会話をしましょう。終わったら役割をかえて、先生の指示があるまで交互に続けましょう。
A tour de rôle ; faites de petits dialogues tels que « Je suis allé à.... » « Ah bon. ».

　A：Je suis allé(e) à Nagoya.
　B：Ah bon.

～を買った avoir acheté

J'ai acheté des (du, de la) ....

4 ２人組になります。「～を買ったんだ」、「ああ、そう」という会話をしましょう。終わったら役割をかえて、先生の指示があるまで交互に続けましょう。

Même exercice que **3** mais avec le verbe acheter.

    A : J'ai acheté des kishimen.

    B : Ah bon.

～に行って、～を買った être allé et avoir acheté

5 立ち上がります。２列になって対面しなさい。１人が「～に行って…を買いました」と言います。もう１人は反応します。終わったらパートを代えて、先生の指示があるまで、交互に続けましょう。

Composez un dialogue avec les deux précédents (**3** **4**) comme dans l'exemple.

    A : Je suis allé(e) à Nagoya et j'ai acheté des Kishimen.

    B : Ah, bon.

    B : Je suis allé(e) à Kumamoto et j'ai acheté des Karashi-renkon.

    A : C'est bien.

6 **5** を「私たち」を主語にして言い換えましょう。

Recommencez avec le sujet « Nous ».

    A : Nous sommes allé(e)s à Yokohama et nous avons acheté des shumai.

    B : Super.

7 立ち上がります。４人組になります。例を参考に会話しましょう。Ｘ番の人から順番に回します。

Imitez les dialogues ci-dessous.

    A : Tu es allé(e) où hier ?

    B : Je suis allé(e) à Tokyo.

    A : Qu'est-ce que tu as acheté ?

    B : J'ai acheté des Tokyo Banana.

    C : Il (Elle) est allé(e) à Tokyo et il (elle) a acheté des Tokyo Banana.

    D : Ah, bon.

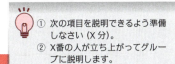

半過去形　L'imparfait

フランス語の過去形には**複合過去形**のほかに**半過去形**があります。複合過去が、過去におけるアクションを表すとすると、半過去はそうしたアクションの背景を言い表すために用いられます。

1) Rita **a eu** un petit accident de vélo.　　リタは自転車でちょっとジコりました。

2) Heureusement il y **avait** un médecin.　　幸運にも医者がいました。

1)は複合過去を用いてアクションを示し、2)は半過去形を用いて状況を説明しています。
半過去形は語幹に次のような語尾をつけて活用します。

je -ais	nous -ions
tu -ais	vous -iez
il -ait	ils -aient

8 être（語幹：ét）と avoir（語幹：av）の半過去形を書きましょう。
Écrivons la conjugaison de l'impartif des verbes être et avoir.

主語	être	avoir
je	j'étais	
tu		tu avais
il (elle)		
nous	nous étions	
vous		vous aviez
ils (elles)		

〜が痛い　avoir mal à ...

avoir mal à ... で、「…が痛い」という意味になります。縮約形に注意しましょう。

J'ai mal à la tête.
頭が痛い。

Vous avez mal au ventre ?
お腹が痛いですか？

Tu as mal aux dents ?
歯が痛いですか？

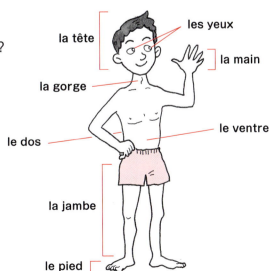

INTERCULTUREL フランスの祝祭日 Evènements et fêtes en France

フランス人にとって最も重要な祭日がクリスマス（**Noël**）であることは言うまでもないでしょう。そのほかの祝祭日は日本人と共通したものもあります。比べてみましょう。

9 次の日付とそれに対応する祝祭日を線で結びましょう。

Reliez les dates aux évènements correspondant.

le 1er janvier •	• La fête du travail
le 14 février •	• Noël
le 8 mars •	• La journée des femmes
le 1er mai •	• Le nouvel an
le 21 juin •	• La Toussaint
le 14 juillet •	• La fête de la musique
le 1er novembre •	• La Saint-Valentin
le 25 décembre •	• La fête nationale

LECTURE DU DIALOGUE   Option ▶ 英語で通訳してみよう。

❶音読練習：いっしょ読み ➡ ❷出張先生 ➡ ❸回し訳 ➡ ❹通訳練習 Interprétariat

作文 THÈMES

1. 昨日何したの？
—カラオケに行って、いっぱい歌った。
2. 昨日あなたたちは何をしましたか？
—私たちはカラオケに行って、いっぱい歌いました。
3. 彼は成田に昨日 3 時に到着しました。
4. ぼくの名前はタイガです。マリーといっしょにストラスブールに行きました。祖父、祖母と妹のリタに会いました。リタは自転車事故にあいました。たいしたことはありませんでした。幸運にも医者がいたのです。

付録

Une autre vie 生まれ変わったら

もし生まれ変わったとしたら、どんな人になってみたいですか？
1年間で自分のなりたい人物を作っていき、プロフィールを完成させましょう。

Leçon 1 – Leçon 2

p.9の人名を参考にして生まれ変わった自分に名前をつけましょう。生まれ変わったあなたの国籍、職業、職業地、居住地、出身地、年齢を書き入れましょう。まずは単語、次に文章で表に書き入れましょう。

自分

	単語	文章
名前		
国籍		
職業		
職業地		
居住地		
出身地		
年齢		

Leçon 3

架空でオッケー！

生まれ変わったあなたの家族はどうですか？ 紹介してください。（　　　）には続柄を書き入れましょう。

家族（　　　　　　）

	単語	文章
名前		
国籍		
職業		
職業地		
居住地		
出身地		
年齢		
生年月日		
既婚 / 未婚		

自分の生年月日と既婚か未婚かを選びましょう。

自分

	単語	文章
生年月日		
既婚 / 未婚		

Leçon 4

・生まれ変わって、したいこと、欲しいもの、将来の希望は？
・夏休みの予定は？

自分

	文章
したいこと	
欲しいもの	
将来の希望	
夏休みの予定	

Leçon 5

生まれ変わったあなたが行きたい国は？

自分

	単語	文章
行きたい国		

Leçon 6 – Leçon 7

・生まれ変わったあなたの好きなもの、嫌いなものは？どれくらい好きなのかも考えましょう。
上段には「好きなもの」、下段には「嫌いなもの」を書き入れましょう。

　　※記号（◎＝大好き、○＝少し好き、△＝あまり好きではない、×＝嫌い）

自分

	記号	単語	文章
飲み物			
食べ物			
季節			
音楽			
乗り物			
スポーツ			
動物			
国			
色			
有名人			

Leçon 7 - Leçon 9

・生まれ変わった自分の一週間のスケジュールを作りましょう。上段には語句を、下段には文章を書き入れましょう。一度使った動詞はなるべく使わないようにしましょう。

自分

曜日	予定	時刻
lundi		
mardi		
mercredi		
jeudi		
vendredi		
samedi		
dimanche		

Leçon 10 – Leçon 11

L3 で選んだ家族はどんな人ですか？ その人の身体的特徴や性格を書き入れましょう.

家族（　　　　　）

	単語	文章
背の高さ		
体重		
外見		
性格		
目の色		
髪の色		

Leçon 11

生まれ変わったあなたの家族のイラストを描き、紹介しましょう。

Leçon 12

レストランで注文したいものを選びましょう。注文の表現（条件法や命令法）を使って注文しましょう。

自分

	料理	文章
entrée		
boisson		
plat principal		
garniture		
fromage		
dessert		
infusion		

Leçon 13

先週、何をしましたか？上段には動詞の原形、下段には過去形を使って書きましょう。一度使った動詞はなるべく使わないようにしましょう。

自分

lundi	
mardi	
mercredi	
jeudi	
vendredi	
samedi	
dimanche	

疑問詞のまとめ

日本語	英語	フランス語
いつ		Quand ?
どこで		Où ?
誰が		Qui ?
何 (を)		Quoi ?
なぜ		Pourquoi ?
どのように		Comment ?
いくつ、いくら		Combien ?

INDEX

男性名詞	n.m.	他動詞	v.t.	副詞	adv.
女性名詞	n.f.	自動詞	v.i.	前置詞	prép.
固有名詞	n.pr.	代名動詞	v.pr.	代名詞	pron.
冠詞	art.	所有形容詞	a.poss.	接続詞	conj.
複数	pl.	形容詞	a.	間投詞	interj.

A

a	→ avoir	
à	prép.	～に、～で
accident	n.m.	事故
acheté	acheter 過去分詞	
acheter	v.t.	買う
acteur/actrice	n.m./n.f.	俳優、女優
addition	n.f.	勘定
adresse	n.f.	住所
africain(ne)	a.	アフリカの
Afrique	n.f.	アフリカ
âge	n.m.	歳、年齢
ah	interj.	ああ
ah bon	interj.	【あいづち】あっそう、へえ
ai	→ avoir	
aider	v.t.	援助する
aime	→ aimer	
aimer	v.t.	～が好きだ
aimerais	aimer 条件法	
aimez	→ aimer	
allé(e)	aller 過去分詞	
Allemagne	n.f.	ドイツ
allemand(e)	a.	ドイツの
aller	v.i.	行く
aller bien		元気です
allez	→ aller	
allez		【命令形で間投詞的に】さあ
allô	interj.	（電話で）もしもし
allons	→ aller	
alors	adv.	それでは、だから
américain(e)	a.	アメリカの
ami(e)	n.m.(n.f.)	友達
an	n.m.	歳
anglais	m.	英語
anglais(e)	a.	イギリスの
anniversaire	n.m.	誕生日
antique	a.	アンティークな
août	n.m.	8月
appeler	v.t.	呼ぶ
s'appeler	v.pr.	～という名前である
appétit	→ bon appétit	
apportez-nous	【命令文】（私たちに）持ってきてください	
après	prép.	～の後で（に）
après-midi	n.m.	午後、昼
arbre	n.m.	木
Arc de Triomphe	n.pr.	凱旋門
armoire	n.f.	たんす
arriver	v.i.	着く
as	→ avoir	
asiatique	a.	アジアの
Asie	n.f.	アジア
association	n.f.	団体、協会
attention	n.f.	注意
au	= à+le	
aujourd'hui	n.m.	今日
aura	avoir 未来形	
aussi	adv.	～も、比較 ～と同じくらい
automne	n.m.	秋
autre	a.	他の、別の
autre	pron.	他の人
aux	=à+les	
avait	avoir 半過去形	
avant	prép.	～前に
avec	prép.	～と一緒に
avez	→ avoir	
avion	n.m.	飛行機
avoir	v.i.	持つ、（年齢について）～歳である
avons	→ avoir	
avril	n.m.	4月

B

baguette	n.f.	バゲット
ballet	n.m.	バレエ
bas	adv.	下に
baseball	n.m.	野球
basket	n.m.	バスケットボール
bateau	n.m.	船
beau	a.	晴れた、天気がよい

INDEX ◆ 89

beau/belle	a.	美しい、きれい
beaucoup	adv.	とても、たくさん
beaucoup de		たくさんの〜
beige	a.	ベージュ色の
belge	a.	ベルギーの
bénévolat	n.m.	ボランティア活動
béret	n.m.	ベレー帽
besoin		→ avoir besoin de 〜が必要だ
bibliothèque	n.f.	図書館
bien	adv.	よく、かしこまりました
bien sûr		もちろん
bière	n.f.	ビール
billet	n.m.	切符
bizarre	a.	変な
blanc(he)	a.	白い
bleu(e)	a.	青い
blond(e)	a.	ブロンドの、金髪の
boire		→ à boire 飲み物
boisson	n.f.	飲み物
boîte	n.f.	会社
bon(ne)	a.	良い、おいしい
bon appétit		たっぷり召し上がれ、食事を楽しんでください
bonbon	n.m.	キャンディー
bonjour	n.m.	おはよう、こんにちは
bonne idée		いい考えだ
bonsoir	n.m.	こんばんは
Bordeaux	n.pr.	ボルドー
bouillon	n.m.	ブイヨン
bouquet	n.m.	ブーケ、花束
bouteille	n.f.	ビン
boutique	n.f.	ブティック、店
bowling	n.m.	ボーリング
brun(e)	a.	茶髪（の人）、茶色の

C

ça	pron.	これ、それ、あれ → c'est ça その通りだ
ça va		元気だ
cafard	n.m.	ゴキブリ
café	n.m.	コーヒー、カフェ
café au lait	n.m	カフェオレ
Californie	n.pr.	カリフォルニア
calme	a.	もの静かな
camembert	n.m.	カマンベール
casserole	n.f.	鍋
cathédrale	n.f.	大聖堂
ce	pron.	これ、それ、あれ
ce	指示形容詞	この、その、あの
célibataire	a.	独身の
cent		100
ces	指示形容詞（複数形）	→ ce
c'est		それは〜です
cet	指示形容詞（男性形）	→ ce
cette	指示形容詞（女性形）	→ ce
chaise	n.f.	いす
chambre	n.f.	部屋
chanson	n.f.	シャンソン、歌
chanter	v.t.	歌う
chanteur/chanteuse	n.m./n.f.	歌手
chapeau	n.m.	帽子
charcuterie	n.f.	（ハム・ソーセージなど）豚肉加工品
chaud(e)	a.	暑い
chaussures	n.f.pl.	靴
chat	n.m.	猫
châtain	a.	栗色の
chef	n.m.	シェフ
cher/chère	a.	【手紙の書き出し】親愛なる
chercher	v.t.	探す
cheveux	n.m.pl.	髪
chèvre	n.m.	ヤギ
chez	prép.	〜の家に
chien	n.m.	犬
Chine	n.f.	中国
chinois(e)	a.	中国の
chocolat	n.m.	チョコレート、ココア
choisir	v.t.	選ぶ
chose	n.f.	こと
chou à la crème	n.m.	シュークリーム
ciel	n.m.	空、天
cinéma	n.m.	シネマ、映画（館）
cinq		5
cinquième		5番目
cinquante		50
classique	a.	クラッシックの
coca	n.m.	コカコーラ
Colmar	n.pr.	コルマール
co-loc(ataire)	n.	ルームメイト
combien	adv.	いくつ
combien de		【数量を尋ねるときに】どれくらいの
comme	conj.	〜として、【感嘆文】なんと、〜ので、〜のように
comme-ci / comme-ça		まあまあ、どちらでもない

comment	adv.	どのように、どのような
comment ça		どうして
commerce	n.m.	商業
compliqué(e)	a.	複雑な、ややこしい
complètement	adv.	まったく
composter	v.t.	（切符に）パンチを入れる
comprendre	v.t.	理解する、わかる
comprends	→ comprendre	
compter + 原形動詞		～するつもりだ
Congo	n.pr.	コンゴ
connais	connaître	
connaître	v.t.	訪れたことがある、知っている
contrôler	v.t.	確認する
contrôleur	n.m.	検札係
cool	a.	すばらしい、かっこいい
copain/copine	n.m./n.f.	ボーイフレンド、ガールフレンド
Corée	n.f.	韓国
coréen(ne)	a.	韓国の
à côté de		～の隣で（に）
me couche	→ se coucher	
se coucher	v.pr.	寝る
couleur	n.m.	色
cours	n.m.	授業
cousin(e)	n.m.(n.f.)	いとこ
couteau	n.m.	ナイフ
crayon	n.m.	鉛筆
crêpe	n.f.	クレープ
croissant	n.m.	クロワッサン

D

d'accord		わかった、賛成
Dakar	n.pr.	ダカール
dame	n.f.	女性
dans	prép.	～で、～に、～の中に、（時間について）～後に
danser	v.i.	踊る
danseur/danseuse	n.m./n.f.	ダンサー
de	prép.	～から、～出身の、～について、～の
décembre	n.m.	12月
déjà	adv.	もう、すでに
déjeuner	→ petit déjeuner	
de l'	art.	de la のエリジオンした形
de la	art.	部分冠詞（女性形）
demain	n.m.	明日
demie	n.f.	半、30分
dent	n.m.	歯
dentiste	n.	歯医者
derrière	prép.	～の後ろで（に）
des	art.	不定冠詞（複数形）
des		= de+les
désirez		→ vous désirez（店員が客に）何にいたしましょうか
désolé(e)	a.	すみません、申し訳ありません
dessert	n.m.	デザート
dessin	n.m.	デッサン
deux		2
deuxième		2番目
devant	prép.	～の前で（に）
d'habitude		いつもは、普段は
difficile	a.	難しい
dimanche	n.m.	日曜日
dire	v.t.	言う
dis		ねえ→ dire
dit	→ dire	
divorcé(e)	a.	離婚した
dix		10
dixième		10番目
dix-huit		18
dix-neuf		19
dix-sept		17
dommage		→ c'est dommage それは残念だ
donc	conj.	つまり、ゆえに
donner	v.t.	与える
donnez-moi		【命令文】（私に）ください
dos	n.m.	背中
douze		12
droit	n.m.	法律
droite	n.f.	右
à droite (de)	prép.	～（の）右で（に）
du	art.	部分冠詞（男性形）
du		de+le
dur(e)	a.	つらい、きつい

E

eau (plate)	n.f.	（非発泡性の）水
école	n.f.	学校
écologiste	n.m.	エコロジスト
économie	n.f.	経済
écouter	v.t.	聞く
je vous écoute		うかがいましょう
écrire	v.t.	書く
s'écrire	v.pr.	～というスペルである

éducation	n.f.	教育	Europe	n.f.	ヨーロッパ
eh bien		ええっと、そうですね	européen(ne)	a.	ヨーロッパの
élégant(e)	a.	上品な	eux	prop.	強勢形 彼ら
éléphant	n.m.	象	Evian	n.pr.	エヴィアン（ミネラルウォーターの銘柄）
élite	n.f.	エリート			
elle	pron.	主語 彼女は 強勢形 彼女	éviter	v.t.	避ける
			excact		→ exactement
elles	pron.	比較 彼女らは 強勢形 彼女ら		adv.	正確に
			extra	a.	最高だ

F

embrasser	→ je t'embrasse 【手紙の終わりで使う慣用句】早々、じゃあね	
employé(e)	n.m.(n.f.)	会社員
en	prép.	（手段）〜で、（科目）〜の、（時期）〜に、（場所）〜に、〜へ
en revenant	revenir（帰る）のジェロンディフ「〜する時に」	
enchanté(e)	a.	はじめまして
encore	adv.	まだ
enfant	n.	子供
enquête	n.f.	アンケート
ensemble	adv.	一緒に
s'entendre	v.pr.	理解しあう
entendu(e)	a.	かしこまりました
entre A et B	prép.	AとBの間で（に）
entrée	n.f.	アントレ
envoie	→ envoyer	
envoyer	v.t.	送る
épinards	n.m.pl.	ほうれん草
es	→ être	
escargot	n.m.	エスカルゴ
est	→ être	
est	n.m.	東
est-ce que	【疑問文】〜ですか	
et	conj.	と、そして
étage	n.m.	階
était	être 半過去形	
Etats-Unis	n.m.pl.	アメリカ
été	n.m.	夏
été	être 過去分詞	
étranger/étrangère	n.m./n.f.	外国人
êtes	→ être	
être	v.i.	〜である、〜になる、〜に居る
étudiant(e)	n.m.(n.f.)	学生
étudier	v.t.	勉強する
EU	→ UE	
eu	avoir 過去分詞	
euh	interj.	うーむ、ええと
euro	n.m.	【通貨】ユーロ

face	→ en face de prép. 〜の向かいで（に）	
façon	n.f.	仕方
faculté	n.f.	大学
faim	→ avoir faim お腹が空く	
faire	v.t.	〜する、作る、（高さが）〜ある
fais	→ faire	
fait	→ faire	
fait	→ au fait ところで	
faites	→ faire	
famille	n.f.	家族
fantastique	a.	とてもすばらしい
fatigué(e)	a.	疲れた
faut	→ il faut 〜しなければならない	
fenêtre	n.f.	窓
fête de la musique	n.f.	音楽祭
fête du travail	n.f.	メーデー
fête national		パリ祭
février	n.m.	2月
fille	n.f.	娘
fils	n.m.	息子
finir	v.t.	〜を終える
fleur	n.f.	花
fois	n.f.	回
fonctionnaire	n.	公務員
font	→ faire	
foot	n.m.	サッカー
fourchette	n.f.	フォーク
français	n.m.	フランス語
français(e)	a.	フランスの
France	n.f.	フランス
franco-japonais(e)	a.	日仏混血の
frère	n.m.	兄、弟
frigo	n.m.	冷蔵庫
frisé(e)	a.	アフロの、縮れ毛の
frites	n.f.pl.	フライドポテト

froid	a.	寒い
fromage	n.m.	チーズ
fruit	n.m.	果物
fumer	v.i.	たばこを吸う

G

gai(e)	a.	陽気な
garçon	n.m.	ガルソン、ウェイター
gare	n.f.	駅
garniture	n.f.	つけ合わせ
gâteau au chocolat	n.m.	チョコレートケーキ
gauche	n.f.	左
à gauche (de)	prép.	〜(の)左で(に)
Genève	n.pr.	ジュネーヴ
génial	a.	天才的な、素晴らしい
genou	n.m.	ひざ
gens	n.m.pl.	人々
gentil(le)	a.	優しい
glace	n.f.	アイスクリーム
gorge	n.f.	のど
grand(e)	a.	大きい、背が高い
grand-mère	n.f.	祖母
grand-père	n.m.	祖父
grands-parents	n.m.pl.	祖父母
grave		→ ce n'était pas grave たいしたことではなかった
grenier	n.m.	屋根裏
gros(se)	a.	太った
guitare	n.f.	ギター
guitariste	n.	ギタリスト

H

habiter	v.i.	住む
haché	a.	みじん切りにした
		→ steak haché
haricots	n.m.pl.	さやいんげん
haut	adv.	上に
haut	n.m.	高さ
heure	n.f.	時、時間
heureusement	adv.	幸運にも
hier	n.m.	昨日
hippopotame	n.m.	カバ
hiver	n.m.	冬
homard thermidor	n.m.	オマール・テルミドール
homme	n.m.	人間、人、男性
hôpital	n.m.	病院
hôtel	n.m.	ホテル

| huit | | 8 |
| huitième | | 8番目 |

I

idée	n.f.	考え
il	pron.	彼は
ils	pron.	彼らは
il y a		〜がある、いる
immigration	n.f.	移民
immigré	n.	移住者
immigré(e)	a.	移民した
infusion	n.m.	ハーブティー
instant		→ un instant ちょっとお待ちください
instituteur/institutrice	n.m./n.f.	小学校の先生
intelligent(e)	a.	知的な、頭のいい
interculturel(le)	a.	相互文化間の
intéressant(e)	a.	おもしろい、興味深い
international(e)	a.	国際の
italien(ne)	a.	イタリアの

J

jambe	n.f.	脚
janvier	n.m.	1月
Japon	n.m.	日本
japonais	n.m.	日本語
japonais(e)	a.	日本の
jaune	a.	黄色の
jazz	n.m.	ジャズ
je	pron.	私は
jeudi	n.m.	木曜日
jeune	a.	若い
joue		→ jouer
jouer	v.	(スポーツを)する
jounaliste	n.	記者
jour	n.m.	日、曜日
		→ un jour いつか
journée	n.f.	一日
journée des femmes	n.f.	婦人デー
Joyeux Noël		メリークリスマス
juillet	n.m.	7月
juin	n.m.	6月

K

| karaoké | n.m. | カラオケ |

L

l'		le, la のエリジオンした形
la	art.	定冠詞（女性形）
la	pron.	[直接目的語] 彼女を、それを
là	adv.	そこ、あそこ
là-bas	adv.	あちら、そちら
lacrosse	n.m.	ラクロス
lampe	n.f.	ランプ
lapin	n.m.	ウサギ
latino-américain(e)	a.	ラテンアメリカの
le		定冠詞（男性形）
le	pron.	[直接目的語] 彼を、それを
les	art.	定冠詞（複数形）
les	pron.	[直接目的語] 彼らを、彼女らを、それらを
lettres	n.f.plu.	文学部
leur	a.poss.	彼らの、彼女らの、それらの
leur	pron.	[間接目的語] 彼らに
leurs	a.poss.	彼らの、彼女らの、それらの
me lève	→ se lever	
se lever	v.pr.	起きる
libre	a.	（席などが）空いている、暇な
lion	n.m.	ライオン
lit	n.m.	ベッド
livre	n.m.	本
loin	adv.	遠くに、離れて
loin de	prép.	～から遠与で（に）
long(ue)	a.	長い
lui	pron.	[間接目的語] 彼に、彼女に [強勢法] 彼
lundi	n.m.	月曜日
lunettes	n.f.pl.	めがね
Lyon	n.pr.	リヨン

M

ma	a.poss.	私の
macaronis	n.m.pl.	マカロニ
madame	n.f.	【既婚女性に対する敬称・呼びかけ】～さん、夫人
mademoiselle	n.f.	【未婚女性に対する敬称・呼びかけ】～さん、～嬢
magnifique	a.	すばらしい
magrébin(e)	a.	北アフリカの
mai	n.m.	5月
mail	n.m.	メール
main	n.f.	手
maintenant	adv.	今から
mais	adv.	しかし
maison	n.f.	家
mal	→ avoir mal à ~ ～が痛い	
	→ pas mal	
maman	[呼びかけ] お母さん、ママ	
manger	v.i.	食事をする
mardi	n.m.	火曜日
mariage	n.m.	結婚
marié(e)	a.	結婚した
mars	n.m.	3月
maternel(le)	a.	母方の
matin	n.m.	朝
mauvais(e)	a.	天気が悪い
me	pron.	[直接目的語] 私を [間接目的語] 私に
médecin	n.m.	医者
médecine	n.f.	医学
Médecins Sans Frontière (MSF)		国境なき医師団
même	→ en même temps 同時に	
mer	n.f.	海
merci	interj.	ありがとう
merci au Ciel		天に感謝する
mercredi	n.m.	水曜日
mère	n.f.	母
mes	a.poss.	私の
mètre	n.m.	メートル
midi	n.m.	正午
mignon(ne)	a.	かわいい
milieu	→ au milieu de ～の真ん中で（に）	
mince	a.	細い、やせた
minuit	n.m.	午前0時
minute	n.m.	分
misère	n.f.	貧困
mode	n.f.	ファッション
modèle	n.f.	モデル
moi	pron.	[強勢形] 私
	→ moi aussi 私も	
moins	adv.	より少なく
moment	→ en ce moment 今、現在	
	→ pour le moment 今のところ	
mon	a.poss.	私の
monsieur	n.m.	【男性に対する敬称・呼びかけ】～さん、～氏、男性
montagne	n.f.	山
monter	v.i.	（乗り物に）乗る
montre	n.f.	腕時計

monument	*n.m.*	建造物、名所
moto	*n.f.*	バイク
moyen de transport		交通機関
musée du Louvre	*n.m.*	ルーブル美術館
musicien(*ne*)	*n.m.(n.f.)*	ミュージシャン
musique	*n.f.*	音楽

N

nationalité	*n.f.*	国籍
ne ~ pas		【否定】~ない
ne ~ plus		【否定】もはや~ない
né(e)		生まれた
neige		→ il neige 雪が降る
neuf		9
neuvième		9番目
Nice	*n.pr.*	ニース
niçois(e)		ニース風の
Noël		クリスマス
noir(e)	*a.*	黒の
nom	*n.m.*	名前、姓
non	*adv.*	いいえ
nos	*a.poss.*	私たちの
notre	*a.poss.*	私たちの
nouilles	*n.f.pl.*	ヌードル
nous	*pron.*	[主　語]私たちは
		[直接目的語]私たちを
		[間接目的語]私たちに
		[強勢形]私たち
nouvel an		新年
novembre	*n.m.*	11月
nuit	*n.m.*	夜
nul(le)	*a.*	無の、ゼロの

O

occupé(e)	*a.*	忙しい
octobre	*n.m.*	10月
œil	*n.m.*	目
oh	*interj.*	おお、ああ
omelette	*n.f.*	オムレツ
on	*pron.*	私たちは
on y va		行こうか
oncle	*n.m.*	おじ
ONG (Organisation Non-Gouvernementale)		
		非政府組織
ont		→ avoir
onze		11
orange	*a.*	オレンジの
ou	*conj.*	または、あるいは
où	*adv.*	どこ
oui	*adv.*	はい

P

Palais de Chaillot	*n.m.*	シャイヨー宮殿
panda	*n.m.*	パンダ
papiers	*n.m.pl.*	身分証明書
par	*prép.*	~につき
parc	*n.m.*	公園
parce que	*conj.*	なぜなら
pardon		すみません
pareil(*le*)	*a.*	同じような
parents	*n.m.pl.*	両親
Paris	*n.pr.*	パリ
parlant		→ parler
Parlement européen	*n.m.*	ヨーロッパ議会
parler	*v.i.*	話す
pars		→ partir
parti(e)		partir [過去分詞]
partir	*v.i.*	出発する、出かける
pas		【否定】~ない
pas beaucoup		【否定】あまり~ない
pas du tout		【否定】まったく~でない
pas mal		悪くない、かなりよく
pâtes	*n.f.pl.*	パスタ
patient	*n.*	患者
P.D.G.(président-directeur général)	*n.m.*	社長
pendant	*prép.*	~の間
penser	*v.t.*	考える
père	*n.m.*	父
petit(e)	*a.*	小さい、背が低い
petit(e) ami(e)	*n.m.(n.f.)*	恋人
petit déjeuner	*n.m.*	朝食
peu		→ à peu près 大体
		→ un peu 少し
peut		→ pouvoir
pharmacie	*n.f.*	薬局
photo	*n.f.*	写真
pianiste	*n.*	ピアニスト
piano	*n.m*	ピアノ
pied	*n.m.*	足、つま先
piquer	*v.t.*	パクる
piscine	*n.f.*	プール
pizza	*n.f.*	ピザ
plaît		→ s'il vous plaît
plat du jour	*n.m.*	定食

plat principal	*n.m.*	メイン料理
plate	→ eau plate	
pleut	→ il pleut　雨が降っている	
plus	【否定】もう〜ない	
plus	*adv.*	より多く〜
plus tard		あとで
plutôt	*adv.*	むしろ、どちらかと言うと
poisson	*n.m.*	魚
pomme	*n.f.*	リンゴ
pop	*n.m.*	ポップ
porc	*n.m.*	豚肉
porte	*n.f.*	扉、戸
porter	*v.t.*	（帽子を）かぶる
pour	*prép.*	〜のために、〜へ
pourquoi	*adv.int.*	なぜ、どうして
pourquoi pas		いいね
premier/première	*a.*	一番目の
préférer	*v.t.*	〜の方を好む
prendrais	prendre 条件法	
prendre	*v.t.*	（乗り物に）乗る、（食事を）とる
prenez	→ prendre	
prénom	*n.m.*	名前、ファーストネーム
près	*adv.*	近くに
	→ à peu près　大体	
près de	*prép.*	〜の近くで（に）
présenter	*v.t.*	〜を紹介する
prie	→ je vous (en) prie　どうぞ	
printemps	*n.m.*	春
prochain(e)	*a.*	次の、今度の
professeur	*n.m.*	教師
projet	*n.m.*	計画、予定
promenade	*n.f.*	散歩
se prononcer	*v.pr.*	発音する
psychologie	*n.f.*	心理学
puis	→ et puis　そして、それから	
punk	*n.m.*	パンク
purée	*n.f.*	ピュレ

Q

quand	*adv.*	いつ
quand	*conj.*	〜時に
quarante		40
quart	*n.m.*	4分の1
quartier	*n.m.*	地区、界隈
quatorze		14
quatre		4
quatre-vingt-dix		90
quatre-vingts		80
quatrième		4番目
que	*pron.*	何を
	→ qu'est-ce que	
que	*conj.*	【他の語とともに比較の表現を作る】
quel âge		何歳
quelle heure		何
	→ à quelle heure　何時に	
qu'est-ce que		何を、【感嘆文】なんと〜
qui		関係代名詞（〜するところ）の
qui	*pron.*	誰
quinze		15
quitter	*v.i.*	電話を切る
	→ ne quittez pas 【電話で】お待ちください	
quoi	*pron.*	何（que の強勢形）

R

me rappelle	→ se rappeler	
se rappeler	*v.pr.*	思い出す
regarder	*v.t.*	見る
rendez-vous	*n.m.*	会いましょう、会う約束
rentrer	*v.i.*	帰る
repas	*n.m.*	食事
se respecter	*v.pr.*	互いに尊敬しあう
restaurant	*n.m.*	レストラン
revenant	→ en revenant	
riche	*a.*	お金持ちの
riz	*n.m.*	米、ごはん
romantique	*a.*	ロマンチックな
rose	*a.*	ピンクの
rosé(e)	*a.*	ロゼの
rôti(e)	*a.*	ローストした
rouge	*a.*	赤の
russe	*a.*	ロシアの
Russie	*n.f.*	ロシア
réfugié(e)	*a.*	避難した
réveil	*n.m.*	目覚まし時計

S

sa	*a.poss.*	彼の、彼女の、それの
Saint-Valentin		バレンタインデー
sais	→ savoir	
saison	*n.f.*	季節
saké	*n.m.*	酒

salade	n.f.	サラダ
samedi	n.m.	土曜日
sandwich	n.m.	サンドイッチ
sans	prép.	～のない
savez	→ savoir	
savoir	v.t.	わかる、知っている
se	pron.	再帰代名詞 彼に、彼女に、彼らに、彼女らに
seize		16
semaine	n.f.	週
sept		7
septembre	n.m.	9月
septième		7番目
serveur / serveuse	n.m./n.f.	ウェイター、ウェイトレス
ses	a.poss.	彼の、彼女の、それらの
si	conj.	もし
s'il vous plaît		お願いします
six		6
sixième		6番目
ski	n.m.	スキー
sociable	a.	つきあいがいい
social	n.m.	社会福祉
sœur	n.f.	姉、妹
soir	n.m.	夜
soirée	n.f.	夜の時間、晩
soixante		60
soixante-dix		70
sole meunière	n.f.	下平目のムニエル
sommes	→ être	
son	a.poss.	彼の、彼女の、それの
sont	→ être	
sortir	v.i.	外出する
soulager	v.t.	（人の）気持ちを楽にする
sous	prép.	～の下で（に）
souvent	adv.	よく、しばしば
spaghettis	n.m.pl.	スパゲッティ
sport	n.m.	スポーツ
sportif / sportive	a.	スポーツ好きな
steak	n.m.	ステーキ
steak haché		ハンバーグステーキ
Strasbourg	n.pr.	ストラスブール
studio	n.m.	ワンルーム
suis	→ être	
suisse	a.	スイスの
super	a.	最高の
supermarché	n.m.	スーパーマーケット
sur	prép.	～の上に
sûr	→ bien sûr もちろん	
sûrement	adv.	きっと
sympa(thique)	a.	感じがいい、楽しい、親切な

T

ta	a.poss.	君の
table	n.f.	テーブル
Taillevent	n.pr.	タイユバン（パリの星付きレストラン）
tant mieux		それはよかった
tante	n.f.	おば
tard	adv.	遅く
→ plus tard 後で		
tarte	n.f.	タルト
tarte aux pommes	n.f.	りんごのタルト
te	pron.	直接目的語 君を 間接目的語 君に
téléphoner	v.i.	電話する
télévision	n.f.	テレビ
temps	n.m.	時
→ en même temps		同時に
tennis	n.m.	テニス
tes	a.poss.	君の
tête	n.f.	頭
têtu(e)	a.	頑固な
TGV =train à grande vitesse		
	n.m.	フランス新幹線
thé	n.m.	紅茶
thé vert		緑茶
théâtre	n.m.	演劇
tiens	interj.	（物を差し出すとき）はい、ほら
timide	a.	シャイな
tisane	n.f.	ハーブティー
toi	pron.	強勢形 君
tomate	n.f.	トマト
tombé(e)	tomber 過去分詞	
tomber	v.i.	転ぶ
ton	a.poss.	君の
tôt	adv.	早く
toujours	adv.	いつも
tour du monde	n.m.	世界一周
Tour Eiffel	n.f.	エッフェル塔
Toussaint	n.f.	〈カトリック〉万聖節
tout	a.	[tout + 都市名] ～全体
tout	n.m.	すべて、何でも
tout le monde		みんな
train	n.m.	電車

tranquillement	adv.	静かに
travail	n.m.	仕事
travailler	v.i.	働く
treize		13
trente		30
très	adv.	とても
triste	a.	悲しい
trois		3
troisième		3番目
trop	adv.	あまりに、ひどい、【否定で】あまり〜ない
tu	pron.	君は

U

UE (Union européenne)		ヨーロッパ連合
ukrainien(ne)	a.	ウクライナの
un		1
un	art.	不定冠詞（男性形）
une		1
une	art.	不定冠詞（女性形）
UNESCO		ユネスコ（＝国連教育科学文化機関）
université	n.f.	大学

V

va		→ aller
vacances	n.f.plu.	休暇、ヴァカンス
vais		→ aller
vas		→ aller
vélo	n.m.	自転車
vendredi	n.m.	金曜日
venez		→ venir
venir	v.i.	来る
ventre	n.m.	お腹
verra		voir 未来形
verre	n.m.	グラス
vers	prép.	〜の方へ（に）
Versailles	n.pr.	ヴェルサイユ
vert(e)	a.	緑の
veux		→ vouloir
viande	n.f.	肉
vie	n.f.	生活、人生
viendra		venir 未来形
viens		→ venir
vieux/vieille	a.	古い
ville	n.f.	町
vin	n.m.	ワイン
vingt		20
violet	a.	紫の
visiter	v.t.	訪れる、見物する
Vittel	n.pr.	ヴィッテル（ミネラルウォーターの銘柄）
vitesse		→ à toute vitesse 全速力で
vocabulaire	n.m.	語彙
voici	adv.	以下が〜だ
voilà	adv.	（物を差し出すときに）はい、ほら、（話の締めくくり）以上のとおりです
voir	v.t.	見る、会う、（それと）わかる
vois		→ voir
voiture	n.f.	車
volontiers	adv.	喜んで、もちろん
Volvic	n.pr.	ヴォルヴィック（ミネラルウォーターの銘柄）
vont		→ aller
vos	a.poss.	あなたの、あなた達の
votre	a.poss.	あなたの、あなた達の
voudrais		→ vouloir
voudrions		vouloir 条件法
vouloir	v.t.	〜が欲しい、〜したい
voulu		vouloir 過去分詞
vous	pron.	主語 あなたは、あなたたちは 直接目的語 あなたを、あなたたちを 間接目的語 あなたに、あなたたちに 強勢形 あなた、あなたたち
voyage	n.m.	旅行
voyager	v.i.	旅行する
vrai(e)	a.	本当の
vu		voir 過去分詞

W

week-end	n.m.	週末

Y

il y a		→ il
on y va		→ on
yeux	n.m.pl.	（両）目→ œil

Z

zéro		0

あ

日本語	フランス語	品詞
空いている、暇な	libre	a.
会いましょう	rendez-vous	
会う	voir	v.t.
	vu 過去分詞	
青い	bleu(e)	a.
赤	rouge	a.
秋	automne	n.m.
暑い	(il fait) chaud	
後で考えよう	on verra ça plus tard	
あなた	vous 強勢形	
あなたは	vous	pron.
あなたたちは	vous	pron.
兄	frère	n.m.
姉	sœur	n.f.
アフリカ（人）の	africain(e)	a.
あまり〜ない	(ne) 〜 pas beaucoup	
アラブ（人）の	arabe	a.
ありがとう	merci	interj.
〜がある	il y a 〜	
アントレ	entrée	n.f.

い

いいえ	non	adv.
いい考えだ	bonne idée	
家	maison	n.f.
家にいる	rester à la maison / rester chez moi	
医学部	en médecine	
行く	aller	v.i.
	allé(e) 過去分詞	
医者	médicin	n.m.
〜がいた	il y avait 〜	
〜が痛い	avoir mal à 〜	
1	un / une	
1月	janvier	n.m.
いつ	quand	adv.
〜と一緒に	avec 〜	prép.
行ったことがある	connaître	v.t.
いっぱい	beaucoup	adv.
いとこ	cousin(e)	n.m.(n.f.)
〜がいる	il y a 〜	
妹	sœur	n.f.
EU	→ UE	

う

ヴォルヴィック	Volvic	n.f.
歌う	chanter	v.t.
	chanté 過去分詞	
生まれた	être né(e)	
海	mer	n.f.

え

英語	anglais	n.m.
駅	gare	n.f.
エッフェル塔	Tour Eiffel	n.f.

お

大きい	grand(e)	a.
起きる	se lever	v.pr.
おじ	oncle	n.m.
夫	mari	n.m.
弟	frère	n.m.
おなかがすいた	avoir faim	
お願いします	s'il vous plaît / je vous prie	
〜さんをお願いします	【電話で】je voudrais parler à 〜	
おば	tante	n.f.
オレンジの	orange	a.
音楽を聞く	écouter de la musique	

か

階	étage	n.m.
買う	acheter	v.t.
	acheté 過去分詞	
帰る	rentrer	v.i.
かかる（時間が）	il faut + 時間	
学生	étudiant(e)	n.m.(n.f.)
褐色の	brun(e)	a.
彼女らは	elles	pron.
彼女は	elle	pron.
カフェオレ	café au lait	n.m.
かぶる	porter	v.t.
髪	cheveux	n.pl.
火曜日	mardi	n.m.
〜から	de 〜	prép.
カラオケ	karaoké	n.m.
彼は	il	pron.
彼らは	ils	pron.
看護師	infimier/infimière	n.m./n.f.
かわいい	joli(e)/mignon(ne)	a.

き

黄色の	jaune	a.
切符をパンチする	composter le billet	
昨日	hier	n.m.
君の	ton / ta / tes	a.poss.
君は	tu	pron.
君	toi 強勢形	
9	neuf	
90	quatre-vingt-dix	
九州	Kyushu	n.m.
兄弟	frère	n.m.
きれいな	beau/belle	a.
金髪の	blond(e)	a.
金曜日	vendredi	n.m.

く

9月	septembre	n.m.
ください	s'il vous plaît / donnez-moi	
栗色の	châtain(e)	a.
車	voiture	n.f.
来る	venir	v.i.
黒い	noir(e)	a.

け

経済	économie	n.f.
結婚している	marié(e)	a.
月曜日	lundi	n.m.
元気だ	aller bien	
見物する	visiter	v.t.

こ

5	cinq	
恋人	petit(e) ami(e)	n.m.(n.f.)
幸運にも	heureusement	adv.
高校生	lycéen(ne)	n.m.(n.f.)
高速鉄道（フランス新幹線）	TGV	n.m.
コーヒー	café	n.m.
5月	mai	n.m.
国際文化を勉強している	étudier l'interculturel / faire de l'interculturel	
50	cinquante	
国境なき医師団	Médecins Sans Frontière	
子供	enfant	n.
～後に（時間について）	dans ～	prép.
ごめんなさい	désolé(e)	a.
今週末	ce week-end	
こんにちは	bonjour	

さ

歳	an	n.m.
～歳である	avoir ～ an	
魚	poisson	n.m.
サッカー	foot(ball)	n.m.
サッカー選手	footballeur / footballeuse	n.m./n.f.
3	trois	
3月	mars	n.m.
30	trente	
サンドイッチ	sandwich	n.m.
残念な	dommage	a.

し

しかし	mais	adv.
4月	avril	n.m.
仕事（職業）は何ですか	qu'est-ce que + 主語 + 動詞 faire + dans la vie	
事故にあう	avoir eu un accident	
～したい	vouloir + 原形動詞 (je voudrais ～)	
7月	juillet	n.m.
実家に	à la maison	
自転車事故	accident de vélo	n.m.
～しなければならない	il faut + 原形動詞	
姉妹	sœur	n.f.
じゃあ	alors	adv.
社会福祉を勉強している	étudier le social / faire du social	
写真家	photographe	n.
10	dix	
11	onze	
11月	novembre	n.m.
10月	octobre	n.m.
19	dix-neuf	
15	quinze /（時間）et quart	
13	treize	
17	dix-sept	
12	douze	
12月	décembre	n.m.
18	dix-huit	
14	quatorze	
16	seize	

週末	week-end	n.m.
授業がある	avoir cours	
～出身の	de ～	prép.
主婦	femme au foyer	n.f.
紹介する	présenter	v.t.
小学校の先生	instituteur/institutrice	n.m./n.f.
少々お待ちください	ne quittez pas / un instant	
女性	dame	n.f.
（情報）社会を勉強している	étudier la sociologie (et l'informatique) / faire de la sociologie (et de l'informatique)	
白い	blanc/blanche	a.
親愛なる	cher/chère	a.
親切な	gentil(le)	a.
心理学	psychologie	n.f.
～時	～ heure	n.f.

す

水曜日	mercredi	n.m.
好きである	aimer	v.t.
すぎる	trop	adv.
少し	un peu	
ステーキ（フライドポテト付き）	steak frites	n.f.
ストラスブール	Strasbourg	n.pr.
スマートフォン	smartphone	n.m.
すみません	pardon	
住む	habiter	v.i.
する	faire	v.t.
	fait 過去分詞	
～するつもりだ	aller + 原形動詞	

せ

| 生活 | vie | n.f. |
| 0 | zéro | |

そ

そうですね	euh	interj.
そして	et puis	
～のそばに	près de ～	
祖父母	grands-parents	n.m.pl.
祖父	grand-père	n.m.
祖母	grand-mère	n.f.
それは	c'est ～	

た

大学	université	n.f.
たいしたことはなかった	ce n'était pas grave	
大変な	dur(e)	a.
だから	alors	adv.
たくさんの	beaucoup de ～	
食べる	prendre / manger	v.t.
誕生日→生まれた	né(e)	
～ために	pour ～	prép.
男性	monsieur	n.m.

ち

小さい	petit(e)	a.
～の近くに	près de ～	
父	père	n.m.
茶色の	marron	a.
中国	Chine	n.f.
朝食	petit déjeuner	n.m.

つ

疲れている	fatigué(e)	a.
作る	faire	v.t.
妻	femme	n.f.
～するつもりです	aller+ 原形動詞	

て

～で	à ～	prép.
～である	être	v.i.
テーブル	table	n.f.
でも	mais	adv.
テレビを見る	regarder la télé(vision)	
電車	train	n.m.

と

～と～	et	conj.
ドア	porte	n.f.
ドイツ	Allemagne	n.f.
到着する	arriver	v.i.
	arrivé(e) 過去分詞	
～時	quand	conj.
独身の	célibataire	a.
どこ	où	adv.
戸棚	armoire	n.f.
どちらかというと	plutôt	adv.
とても	beaucoup	adv.
とても	très	adv.

日本語	フランス語	品詞
どのくらいの時間	combien de temps	
どのような	comment	adv.
トマトサラダ	salade de tomates	n.f.
友達	ami(e)	n.m.(n.f.)
友達と	avec des amis	
友達と遊ぶ	je vois des amis / je sors avec des amis	
土曜日	samedi	n.m.
とる（食事を）	prendre	v.t.
どんな感じ	comment	adv.

な

〜ない	ne 〜 pas	
〜の中に	dans 〜	prép.
夏休みは	pendant les vacances	
夏	été	n.m.
7	sept	
70	soixante-dix	
何にいたしましょうか	vous désirez	
何もしない	je ne fais rien	
何を	qu'est-ce que	
〜という名前である	s'appeler	v.pr.
何歳	quel âge	
何時に	à quelle heure	
なんて	comme / qu'est-ce que 〜	conj.
何と言いますか	comment dit-on	

に

2	deux	
〜に	à 〜	prép.
2月	février	n.m.
肉	viande	n.f.
20	vingt	
2週間	quinze jours	
日仏混血の	franco-japonais(e)	a.
日曜日	dimanche	n.m.
〜には	comme 〜	conj.
日本語で	en japonais	
日本(人)の	japonais(e)	a.
日本に	au Japon	
日本	Japon	n.m.

ね

眠る	dormir	v.i.
〜年に	en 〜	prép.

の

飲み物	à boire	
飲み物	boisson	n.f.
飲む	prendre / boire	v.t.
乗る	prendre	v.t.
	monter	v.i.

は

はい	oui	adv.
バイク	moto	n.f.
バイトをする	travailler	v.i.
パソコン	PC / ordinateur	n.m.
働く	travailler	v.i.
8	huit	
8月	août	n.m.
80	quatre-vingts	
〜から離れた	loin de 〜	
母	mère	n.f.
パリ	Paris	n.pr.
春	printemps	n.m.
半（時間について）	et demie	

ひ

膝	genou	n.m.
左に	à gauche	
100	cent	
ピンクの	rose	a.

ふ

普段	d'habitude	
冬	hiver	n.m.
フランス語	français	n.m.
フランス語で	en français	
フランス(人)の	français(e)	a.
フランス	France	n.f.
フランスに	en France	
文学部	en lettres	

へ

〜へ	à 〜	prép.
ベッド	lit	n.m.
ベッドでごろごろする	je suis au lit	
部屋	studio	n.m.
勉強する	étudier	v.t.
	travailler	v.i.

ほ		
帽子	chapeau	n.m.
〜の方を好む	préférer	v.t.
ホテル	hôtel	n.m.
ま		
毎週	le を曜日の前につける	
毎週火曜	le mardi	
〜前に	avant 〜	
〜まで	à 〜	
窓	fenêtre	n.f.
み		
右に	à droite	
水（非発泡性の）	eau (plate)	n.f.
緑の	vert(e)	a.
見る、見える	voir	v.t.
む		
息子	fils	n.m.
娘	fille	n.f.
紫の	violet(te)	a.
め		
メイン料理	plat principal	n.m.
目	œil	n.m.
	→ yeux (pl.)	
も		
〜も	aussi	adv.
木曜日	jeudi	
もしもし	Allô	interj.
持つ	avoir	v.t.
や		
約束	rendez-vous	n.m.
やせた	mince	a.
やったね	super	a.
よ		
よく	souvent	adv.
〜する予定だ	aller + 原形動詞	
夜	soir	n.m.
4	quatre	
40	quarante	

ら		
ラクロス	lacrosse	n.m.
り		
両親	parents	n.m.pl.
れ		
冷蔵庫	frigo	n.m.
レストラン	restaurant	n.m.
ろ		
6	six	
60	soixante	
6月	juin	n.m.
6階	6e étage	
わ		
わかりません	je ne sais pas	
私たちは	on / nous	pron.
私の	mon / ma / mes	a.poss.
私は	je	pron.
ワンルーム	studio	n.m.

動詞活用表

不定詞 現在分詞 過去分詞	直説法 現在	直説法 半過去	直説法 単純未来	条件法 現在	接続法 現在
1. **acheter** 買う achetant acheté	j' achète tu achètes il achète n. achetons v. achetez ils achètent	j' achetais tu achetais il achetait n. achetions v. achetiez ils achetaient	j' achèterai tu achèteras il achètera n. achèterons v. achèterez ils achèteront	j' achèterais tu achèterais il achèterait n. achèterions v. achèteriez ils achèteraient	j' achète tu achètes il achète n. achetions v. achetiez ils achètent
2. **aimer** 愛する aimant aimé	j' aime tu aimes il aime n. aimons v. aimez ils aiment	j' aimais tu aimais il aimait n. aimions v. aimiez ils aimaient	j' aimerai tu aimeras il aimera n. aimerons v. aimerez ils aimeront	j' aimerais tu aimerais il aimerait n. aimerions v. aimeriez ils aimeraient	j' aime tu aimes il aime n. aimions v. aimiez ils aiment
3. **aller** 行く allant allé	je vais tu vas il va n. allons v. allez ils vont	j' allais tu allais il allait n. allions v. alliez ils allaient	j' irai tu iras il ira n. irons v. irez ils iront	j' irais tu irais il irait n. irions v. iriez ils iraient	j' aille tu ailles il aille n. allions v. alliez ils aillent
4. **appeler** 呼ぶ appelant appelé	j' appelle tu appelles il appelle n. appelons v. appelez ils appellent	j' appelais tu appelais il appelait n. appelions v. appeliez ils appelaient	j' appellerai tu appelleras il appellera n. appellerons v. appellerez ils appelleront	j' appellerais tu appellerais il appellerait n. appellerions v. appelleriez ils appelleraient	j' appelle tu appelles il appelle n. appelions v. appeliez ils appellent
5. **asseoir** 座らせる asseyant assis	j' assieds tu assieds il assied n. asseyons v. asseyez ils asseyent	j' asseyais tu asseyais il asseyait n. asseyions v. asseyiez ils asseyaient	j' assiérai tu assiéras il assiéra n. assiérons v. assiérez ils assiéront	j' assiérais tu assiérais il assiérait n. assiérions v. assiériez ils assiéraient	j' asseye tu asseyes il asseye n. asseyions v. asseyiez ils asseyent
	j' assois tu assois il assoit n. assoyons v. assoyez ils assoient	j' assoyais tu assoyais il assoyait n. assoyions v. assoyiez ils assoyaient	j' assoirai tu assoiras il assoira n. assoirons v. assoirez ils assoiront	j' assoirais tu assoirais il assoirait n. assoirions v. assoiriez ils assoiraient	j' assoie tu assoies il assoie n. assoyions v. assoyiez ils assoient
6. **avoir** 持っている ayant eu	j' ai tu as il a n. avons v. avez ils ont	j' avais tu avais il avait n. avions v. aviez ils avaient	j' aurai tu auras il aura n. aurons v. aurez ils auront	j' aurais tu aurais il aurait n. aurions v. auriez ils auraient	j' aie tu aies il ait n. ayons v. ayez ils aient
7. **battre** 打つ battant battu	je bats tu bats il bat n. battons v. battez ils battent	je battais tu battais il battait n. battions v. battiez ils battaient	je battrai tu battras il battra n. battrons v. battrez ils battront	je battrais tu battrais il battrait n. battrions v. battriez ils battraient	je batte tu battes il batte n. battions v. battiez ils battent
8. **boire** 飲む buvant bu	je bois tu bois il boit n. buvons v. buvez ils boivent	je buvais tu buvais il buvait n. buvions v. buviez ils buvaient	je boirai tu boiras il boira n. boirons v. boirez ils boiront	je boirais tu boirais il boirait n. boirions v. boiriez ils boiraient	je boive tu boives il boive n. buvions v. buviez ils boivent

不定詞 現在分詞 過去分詞	直説法			条件法	接続法
	現在	半過去	単純未来	現在	現在
9. **conduire** 運転する conduisant conduit	je conduis tu conduis il conduit n. conduisons v. conduisez ils conduisent	je conduisais tu conduisais il conduisait n. conduisions v. conduisiez ils conduisaient	je conduirai tu conduiras il conduira n. conduirons v. conduirez ils conduiront	je conduirais tu conduirais il conduirait n. conduirions v. conduiriez ils conduiraient	je conduise tu conduises il conduise n. conduisions v. conduisiez ils conduisent
10. **connaître** 知っている connaissant connu	je connais tu connais il connaît n. connaissons v. connaissez ils connaissent	je connaissais tu connaissais il connaissait n. connaissions v. connaissiez ils connaissaient	je connaîtrai tu connaîtras il connaîtra n. connaîtrons v. connaîtrez ils connaîtront	je connaîtrais tu connaîtrais il connaîtrait n. connaîtrions v. connaîtriez ils connaîtraient	je connaisse tu connaisses il connaisse n. connaissions v. connaissiez ils connaissent
11. **courir** 走る courant couru	je cours tu cours il court n. courons v. courez ils courent	je courais tu courais il courait n. courions v. couriez ils couraient	je courrai tu courras il courra n. courrons v. courrez ils courront	je courrais tu courrais il courrait n. courrions v. courriez ils courraient	je coure tu coures il coure n. courions v. couriez ils courent
12. **craindre** おそれる craignant craint	je crains tu crains il craint n. craignons v. craignez ils craignent	je craignais tu craignais il craignait n. craignions v. craigniez ils craignaient	je craindrai tu craindras il craindra n. craindrons v. craindrez ils craindront	je craindrais tu craindrais il craindrait n. craindrions v. craindriez ils craindraient	je craigne tu craignes il craigne n. craignions v. craigniez ils craignent
13. **croire** 信じる croyant cru	je crois tu crois il croit n. croyons v. croyez ils croient	je croyais tu croyais il croyait n. croyions v. croyiez ils croyaient	je croirai tu croiras il croira n. croirons v. croirez ils croiront	je croirais tu croirais il croirait n. croirions v. croiriez ils croiraient	je croie tu croies il croie n. croyions v. croyiez ils croient
14. **devoir** …しなければならない devant dû	je dois tu dois il doit n. devons v. devez ils doivent	je devais tu devais il devait n. devions v. deviez ils devaient	je devrai tu devras il devra n. devrons v. devrez ils devront	je devrais tu devrais il devrait n. devrions v. devriez ils devraient	je doive tu doives il doive n. devions v. deviez ils doivent
15. **dire** 言う disant dit	je dis tu dis il dit n. disons v. dites ils disent	je disais tu disais il disait n. disions v. disiez ils disaient	je dirai tu diras il dira n. dirons v. direz ils diront	je dirais tu dirais il dirait n. dirions v. diriez ils diraient	je dise tu dises il dise n. disions v. disiez ils disent
16. **écrire** 書く écrivant écrit	j' écris tu écris il écrit n. écrivons v. écrivez ils écrivent	j' écrivais tu écrivais il écrivait n. écrivions v. écriviez ils écrivaient	j' écrirai tu écriras il écrira n. écrirons v. écrirez ils écriront	j' écrirais tu écrirais il écrirait n. écririons v. écririez ils écriraient	j' écrive tu écrives il écrive n. écrivions v. écriviez ils écrivent
17. **employer** 使う, 雇う employant employé	j' emploie tu emploies il emploie n. employons v. employez ils emploient	j' employais tu employais il employait n. employions v. employiez ils employaient	j' emploierai tu emploieras il emploiera n. emploierons v. emploierez ils emploieront	j' emploierais tu emploierais il emploierait n. emploierions v. emploieriez ils emploieraient	j' emploie tu emploies il emploie n. employions v. employiez ils emploient

不定詞 現在分詞 過去分詞	直説法			条件法	接続法
	現在	半過去	単純未来	現在	現在
18. **envoyer** 送る envoyant envoyé	j' envoie tu envoies il envoie n. envoyons v. envoyez ils envoient	j' envoyais tu envoyais il envoyait n. envoyions v. envoyiez ils envoyaient	j' enverrai tu enverras il enverra n. enverrons v. enverrez ils enverront	j' enverrais tu enverrais il enverrait n. enverrions v. enverriez ils enverraient	j' envoie tu envoies il envoie n. envoyions v. envoyiez ils envoient
19. **être** …である étant été	je suis tu es il est n. sommes v. êtes ils sont	j' étais tu étais il était n. étions v. étiez ils étaient	je serai tu seras il sera n. serons v. serez ils seront	je serais tu serais il serait n. serions v. seriez ils seraient	je sois tu sois il soit n. soyons v. soyez ils soient
20. **faire** 作る faisant fait	je fais tu fais il fait n. faisons v. faites ils font	je faisais tu faisais il faisait n. faisions v. faisiez ils faisaient	je ferai tu feras il fera n. ferons v. ferez ils feront	je ferais tu ferais il ferait n. ferions v. feriez ils feraient	je fasse tu fasses il fasse n. fassions v. fassiez ils fassent
21. **falloir** 必要である - fallu	il faut	il fallait	il faudra	il faudrait	il faille
22. **finir** 終える finissant fini	je finis tu finis il finit n. finissons v. finissez ils finissent	je finissais tu finissais il finissait n. finissions v. finissiez ils finissaient	je finirai tu finiras il finira n. finirons v. finirez ils finiront	je finirais tu finirais il finirait n. finirions v. finiriez ils finiraient	je finisse tu finisses il finisse n. finissions v. finissiez ils finissent
23. **fuir** 逃げる fuyant fui	je fuis tu fuis il fuit n. fuyons v. fuyez ils fuient	je fuyais tu fuyais il fuyait n. fuyions v. fuyiez ils fuyaient	je fuirai tu fuiras il fuira n. fuirons v. fuirez ils fuiront	je fuirais tu fuirais il fuirait n. fuirions v. fuiriez ils fuiraient	je fuie tu fuies il fuie n. fuyions v. fuyiez ils fuient
24. **lire** 読む lisant lu	je lis tu lis il lit n. lisons v. lisez ils lisent	je lisais tu lisais il lisait n. lisions v. lisiez ils lisaient	je lirai tu liras il lira n. lirons v. lirez ils liront	je lirais tu lirais il lirait n. lirions v. liriez ils liraient	je lise tu lises il lise n. lisions v. lisiez ils lisent
25. **manger** 食べる mangeant mangé	je mange tu manges il mange n. mangeons v. mangez ils mangent	je mangeais tu mangeais il mangeait n. mangions v. mangiez ils mangeaient	je mangerai tu mangeras il mangera n. mangerons v. mangerez ils mangeront	je mangerais tu mangerais il mangerait n. mangerions v. mangeriez ils mangeraient	je mange tu manges il mange n. mangions v. mangiez ils mangent
26. **mettre** 置く mettant mis	je mets tu mets il met n. mettons v. mettez ils mettent	je mettais tu mettais il mettait n. mettions v. mettiez ils mettaient	je mettrai tu mettras il mettra n. mettrons v. mettrez ils mettront	je mettrais tu mettrais il mettrait n. mettrions v. mettriez ils mettraient	je mette tu mettes il mette n. mettions v. mettiez ils mettent

不定詞 現在分詞 過去分詞	直 説 法			条件法	接続法
	現 在	半過去	単純未来	現 在	現 在
27. **mourir** 死ぬ mourant mort	je meurs tu meurs il meurt n. mourons v. mourez ils meurent	je mourais tu mourais il mourait n. mourions v. mouriez ils mouraient	je mourrai tu mourras il mourra n. mourrons v. mourrez ils mourront	je mourrais tu mourrais il mourrait n. mourrions v. mourriez ils mourraient	je meure tu meures il meure n. mourions v. mouriez ils meurent
28. **naître** 生まれる naissant né	je nais tu nais il naît n. naissons v. naissez ils naissent	je naissais tu naissais il naissait n. naissions v. naissiez ils naissaient	je naîtrai tu naîtras il naîtra n. naîtrons v. naîtrez ils naîtront	je naîtrais tu naîtrais il naîtrait n. naîtrions v. naîtriez ils naîtraient	je naisse tu naisses il naisse n. naissions v. naissiez ils naissent
29. **ouvrir** 開ける ouvrant ouvert	j' ouvre tu ouvres il ouvre n. ouvrons v. ouvrez ils ouvrent	j' ouvrais tu ouvrais il ouvrait n. ouvrions v. ouvriez ils ouvraient	j' ouvrirai tu ouvriras il ouvrira n. ouvrirons v. ouvrirez ils ouvriront	j' ouvrirais tu ouvrirais il ouvrirait n. ouvririons v. ouvririez ils ouvriraient	j' ouvre tu ouvres il ouvre n. ouvrions v. ouvriez ils ouvrent
30. **partir** 出発する partant parti	je pars tu pars il part n. partons v. partez ils partent	je partais tu partais il partait n. partions v. partiez ils partaient	je partirai tu partiras il partira n. partirons v. partirez ils partiront	je partirais tu partirais il partirait n. partirions v. partiriez ils partiraient	je parte tu partes il parte n. partions v. partiez ils partent
31. **payer** 払う payant payé	je paie tu paies il paie n. payons v. payez ils paient	je payais tu payais il payait n. payions v. payiez ils payaient	je paierai tu paieras il paiera n. paierons v. paierez ils paieront	je paierais tu paierais il paierait n. paierions v. paieriez ils paieraient	je paie tu paies il paie n. payions v. payiez ils paient
32. **placer** 置く plaçant placé	je place tu places il place n. plaçons v. placez ils placent	je plaçais tu plaçais il plaçait n. placions v. placiez ils plaçaient	je placerai tu placeras il placera n. placerons v. placerez ils placeront	je placerais tu placerais il placerait n. placerions v. placeriez ils placeraient	je place tu places il place n. placions v. placiez ils placent
33. **plaire** 気に入る plaisant plu	je plais tu plais il plaît n. plaisons v. plaisez ils plaisent	je plaisais tu plaisais il plaisait n. plaisions v. plaisiez ils plaisaient	je plairai tu plairas il plaira n. plairons v. plairez ils plairont	je plairais tu plairais il plairait n. plairions v. plairiez ils plairaient	je plaise tu plaises il plaise n. plaisions v. plaisiez ils plaisent
34. **pleuvoir** 雨が降る pleuvant plu	il pleut	il pleuvait	il pleuvra	il pleuvrait	il pleuve
35. **pouvoir** …できる pouvant pu	je peux tu peux il peut n. pouvons v. pouvez ils peuvent	je pouvais tu pouvais il pouvait n. pouvions v. pouviez ils pouvaient	je pourrai tu pourras il pourra n. pourrons v. pourrez ils pourront	je pourrais tu pourrais il pourrait n. pourrions v. pourriez ils pourraient	je puisse tu puisses il puisse n. puissions v. puissiez ils puissent

不定詞 現在分詞 過去分詞	直　説　法			条件法	接続法
	現　在	半過去	単純未来	現　在	現　在
36. **préférer** より好む préférant préféré	je préfère tu préfères il préfère n. préférons v. préférez ils préfèrent	je préférais tu préférais il préférait n. préférions v. préfériez ils préféraient	je préférerai tu préféreras il préférera n. préférerons v. préférerez ils préféreront	je préférerais tu préférerais il préférerait n. préférerions v. préféreriez ils préféreraient	je préfère tu préfères il préfère n. préférions v. préfériez ils préfèrent
37. **prendre** 手に取る prenant pris	je prends tu prends il prend n. prenons v. prenez ils prennent	je prenais tu prenais il prenait n. prenions v. preniez ils prenaient	je prendrai tu prendras il prendra n. prendrons v. prendrez ils prendront	je prendrais tu prendrais il prendrait n. prendrions v. prendriez ils prendraient	je prenne tu prennes il prenne n. prenions v. preniez ils prennent
38. **recevoir** 受け取る recevant reçu	je reçois tu reçois il reçoit n. recevons v. recevez ils reçoivent	je recevais tu recevais il recevait n. recevions v. receviez ils recevaient	je recevrai tu recevras il recevra n. recevrons v. recevrez ils recevront	je recevrais tu recevrais il recevrait n. recevrions v. recevriez ils recevraient	je reçoive tu reçoives il reçoive n. recevions v. receviez ils reçoivent
39. **rendre** 返す rendant rendu	je rends tu rends il rend n. rendons v. rendez ils rendent	je rendais tu rendais il rendait n. rendions v. rendiez ils rendaient	je rendrai tu rendras il rendra n. rendrons v. rendrez ils rendront	je rendrais tu rendrais il rendrait n. rendrions v. rendriez ils rendraient	je rende tu rendes il rende n. rendions v. rendiez ils rendent
40. **résoudre** 解く résolvant résolu	je résous tu résous il résout n. résolvons v. résolvez ils résolvent	je résolvais tu résolvais il résolvait n. résolvions v. résolviez ils résolvaient	je résoudrai tu résoudras il résoudra n. résoudrons v. résoudrez ils résoudront	je résoudrais tu résoudrais il résoudrait n. résoudrions v. résoudriez ils résoudraient	je résolve tu résolves il résolve n. résolvions v. résolviez ils résolvent
41. **rire** 笑う riant ri	je ris tu ris il rit n. rions v. riez ils rient	je riais tu riais il riait n. riions v. riiez ils riaient	je rirai tu riras il rira n. rirons v. rirez ils riront	je rirais tu rirais il rirait n. ririons v. ririez ils riraient	je rie tu ries il rie n. riions v. riiez ils rient
42. **savoir** 知っている sachant su	je sais tu sais il sait n. savons v. savez ils savent	je savais tu savais il savait n. savions v. saviez ils savaient	je saurai tu sauras il saura n. saurons v. saurez ils sauront	je saurais tu saurais il saurait n. saurions v. sauriez ils sauraient	je sache tu saches il sache n. sachions v. sachiez ils sachent
43. **suffire** 足りる suffisant suffi	je suffis tu suffis il suffit n. suffisons v. suffisez ils suffisent	je suffisais tu suffisais il suffisait n. suffisions v. suffisiez ils suffisaient	je suffirai tu suffiras il suffira n. suffirons v. suffirez ils suffiront	je suffirais tu suffirais il suffirait n. suffirions v. suffiriez ils suffiraient	je suffise tu suffises il suffise n. suffisions v. suffisiez ils suffisent
44. **suivre** ついて行く suivant suivi	je suis tu suis il suit n. suivons v. suivez ils suivent	je suivais tu suivais il suivait n. suivions v. suiviez ils suivaient	je suivrai tu suivras il suivra n. suivrons v. suivrez ils suivront	je suivrais tu suivrais il suivrait n. suivrions v. suivriez ils suivraient	je suive tu suives il suive n. suivions v. suiviez ils suivent

不定詞 現在分詞 過去分詞	直　説　法			条　件　法	接　続　法
	現　在	半過去	単純未来	現　在	現　在
45. **vaincre** 打ち破る vainquant vaincu	je vaincs tu vaincs il vainc n. vainquons v. vainquez ils vainquent	je vainquais tu vainquais il vainquait n. vainquions v. vainquiez ils vainquaient	je vaincrai tu vaincras il vaincra n. vaincrons v. vaincrez ils vaincront	je vaincrais tu vaincrais il vaincrait n. vaincrions v. vaincriez ils vaincraient	je vainque tu vainques il vainque n. vainquions v. vainquiez ils vainquent
46. **valoir** 価値がある valant valu	je vaux tu vaux il vaut n. valons v. valez ils valent	je valais tu valais il valait n. valions v. valiez ils valaient	je vaudrai tu vaudras il vaudra n. vaudrons v. vaudrez ils vaudront	je vaudrais tu vaudrais il vaudrait n. vaudrions v. vaudriez ils vaudraient	je vaille tu vailles il vaille n. valions v. valiez ils vaillent
47. **venir** 来る venant venu	je viens tu viens il vient n. venons v. venez ils viennent	je venais tu venais il venait n. venions v. veniez ils venaient	je viendrai tu viendras il viendra n. viendrons v. viendrez ils viendront	je viendrais tu viendrais il viendrait n. viendrions v. viendriez ils viendraient	je vienne tu viennes il vienne n. venions v. veniez ils viennent
48. **vivre** 生きる vivant vécu	je vis tu vis il vit n. vivons v. vivez ils vivent	je vivais tu vivais il vivait n. vivions v. viviez ils vivaient	je vivrai tu vivras il vivra n. vivrons v. vivrez ils vivront	je vivrais tu vivrais il vivrait n. vivrions v. vivriez ils vivraient	je vive tu vives il vive n. vivions v. viviez ils vivent
49. **voir** 見る voyant vu	je vois tu vois il voit n. voyons v. voyez ils voient	je voyais tu voyais il voyait n. voyions v. voyiez ils voyaient	je verrai tu verras il verra n. verrons v. verrez ils verront	je verrais tu verrais il verrait n. verrions v. verriez ils verraient	je voie tu voies il voie n. voyions v. voyiez ils voient
50. **vouloir** 欲しい voulant voulu	je veux tu veux il veut n. voulons v. voulez ils veulent	je voulais tu voulais il voulait n. voulions v. vouliez ils voulaient	je voudrai tu voudras il voudra n. voudrons v. voudrez ils voudront	je voudrais tu voudrais il voudrait n. voudrions v. voudriez ils voudraient	je veuille tu veuilles il veuille n. voulions v. vouliez ils veuillent

著 者

　岩田　好司（いわた　よしのり）

　野母　倫子（のも　みちこ）

　Bernard Torres（ベルナール・トレス）

　畑　亜弥子（はた　あやこ）

CD 付
ラ・コープ 1
協同学習で学ぶフランス語

2015 年 4 月 20 日　第 1 版発行
2023 年 5 月 20 日　第 7 版発行

著　者──岩田　好司
　　　　　野母　倫子
　　　　　Bernard Torres
　　　　　畑　亜弥子

発行者──前田俊秀

発行所──株式会社三修社
　　　　　〒 150-0001 東京都渋谷区神宮前 2-2-22
　　　　　　TEL 03-3405-4511 / FAX 03-3405-4522
　　　　　振替 00190-9-72758
　　　　　https://www.sanshusha.co.jp
　　　　　編集担当　永尾真理

印刷所──広研印刷株式会社

© 2015 Printed in Japan　ISBN978-4-384-22052-0 C1085

表紙デザイン ── やぶはなあきお
　　イラスト ── 堀尾加奈子
　　　　地図 ── 木村恵（p.27）
　　　　　　　　一志敦子（見返し）
　　　　　　　　XYLO（綴じ込み・見返し）
　　　　　DTP ── studio A

[JCOPY]〈出版者著作権管理機構　委託出版物〉
本書の無断複製は著作権法上での例外を除き禁じられています。複製される場合は、そのつど事前に、出版者著作権管理機構（電話 03-5244-5088　FAX 03-5244-5089　e-mail: info@jcopy.or.jp）の許諾を得てください。